Meredith Woerner
Vampire

Meredith Woerner

VAMPIRE
sehen, erkennen, handeln

Mit Illustrationen von Jochen Schievink

Aus dem Amerikanischen
von Claudia Sanguinantis

Unser gesamtes lieferbares Programm und viele andere
Informationen finden Sie unter www.sanssouci-verlag.de

Die amerikanische Originalausgabe erschien 2009 unter dem Titel
Vampire Taxonomy: identifying and interacting with the modern day-bloodsucker
bei Perigee Book Penguin Group
Penguin Group (USA) Inc.
375 Hudson Street, New York, New York 10014, USA
Copyright © 2009 by Meredith Woerner

1 2 3 4 5   15 14 13 12 11

ISBN 978-3-8363-0301-9
Alle Rechte der deutschen Ausgabe
© Sanssouci im Carl Hanser Verlag, München 2011
Einbandgestaltung: Birgit Schweitzer, München
unter Verwendung eines Motivs von Jochen Schievink
Satz im Verlag
Druck und Bindung: Tlačiarne BB, spol. s.r.o.
Printed in Slovak Republic

Inhalt

Einleitung

Ich bin Dracula, und ich heiße Sie willkommen …
Graf Dracula, Bram Stokers *Dracula*

Atmen Sie tief durch. Alle *Ihre* Hoffnungen, Träume oder Befürchtungen sind tatsächlich wahr: Vampire leben nicht länger verborgen im Dunkeln, sondern mitten unter uns.

Sie besuchen unsere Schulen, sitzen in unserer Lieblingskneipe auf dem Hocker neben uns, fahren mit uns in der U-Bahn – und vielleicht sind sie sogar unsere Freunde oder Nachbarn.

Und so stellt sich die Frage: Wie geht man mit einem typischen Vertreter der Untoten um?

Deshalb dieses Handbuch. Hier können Sie sich über Vampire informieren und lernen, wie Sie herausfinden, ob Ihr Nachbar ein Vampir und dieser Vampir Freund oder Feind ist. Das Buch wurde in der Hoffnung verfasst, Wahrheit und Lüge über Vampire voneinander trennen und die breite Masse über die umfangreiche Geschichte des populären Vampirismus aufklären zu können.

Weshalb gerade jetzt?

Wohin wir heute auch schauen, überall begegnen uns Vampire. Scharen kreischender Fans stehen Schlange, um einen flüchtigen Blick auf einen Schauspieler zu erhaschen, der tut, als sei er der unsterbliche Geliebte ihrer Träume. Buchhandlungen bieten Vampirsets an, Bands mit Vampirnamen stürmen die Charts und verstopfen unsere iPods. Geschenkeläden verkaufen Verbände für Bisswunden, bei Twitter findet man Hintergrundbilder mit Vampiren. Es gibt Vampirwein und Vampir-Energydrinks, Vlad der Pfähler hat eine Facebook-Seite und betreibt von dem Laptop in seinem Sarg aus *Vampire.com*, und uralte untote Herren in Muppetgestalt bringen unseren Kindern das Zählen bei. Die Vampirgesellschaft hat die Populärkultur buchstäblich unterwandert.

Doch wir sprechen hier nicht nur von albernen Kalauern und Witzen über Fangzähne. Es gibt tatsächlich echte Vampire, und die rasche Zunahme von Vampirphänomenen in der Popkultur ist ein unauffälliger, aber zuverlässiger Hinweis darauf, dass die Zahl der Vampire in unserer heutigen Welt stetig zunimmt. Und mit wachsender Gesellschaftsfähigkeit der vampirischen Lebensweise wird es auch immer wahrscheinlicher, dass in unserer Literatur echte Vampire Fakten über Nosferatu durchsickern lassen.

Heißt das etwa, alle Gerüchte über Vampire sind wahr? Um Himmels willen, nein! Aber nach der Lektüre dieses Buches werden Sie hoffentlich ein solides Grundwissen über die Vampire besitzen, die heute unter uns leben.

Wir können den vampirischen Einfluss auf unsere Gesellschaft nicht länger ignorieren. Es ist nur eine Frage der Zeit, wann wir den Punkt erreicht haben, an dem die Assimilation der Untoten in unseren Straßen und Städten offensiv erfolgen wird. Und dann sollten Sie genau wissen, wie Sie sich verhalten müssen, um den Umgang mit den Untoten im Alltag zu überleben.

VAMPIRE
VERBREITUNGSGEBIETE

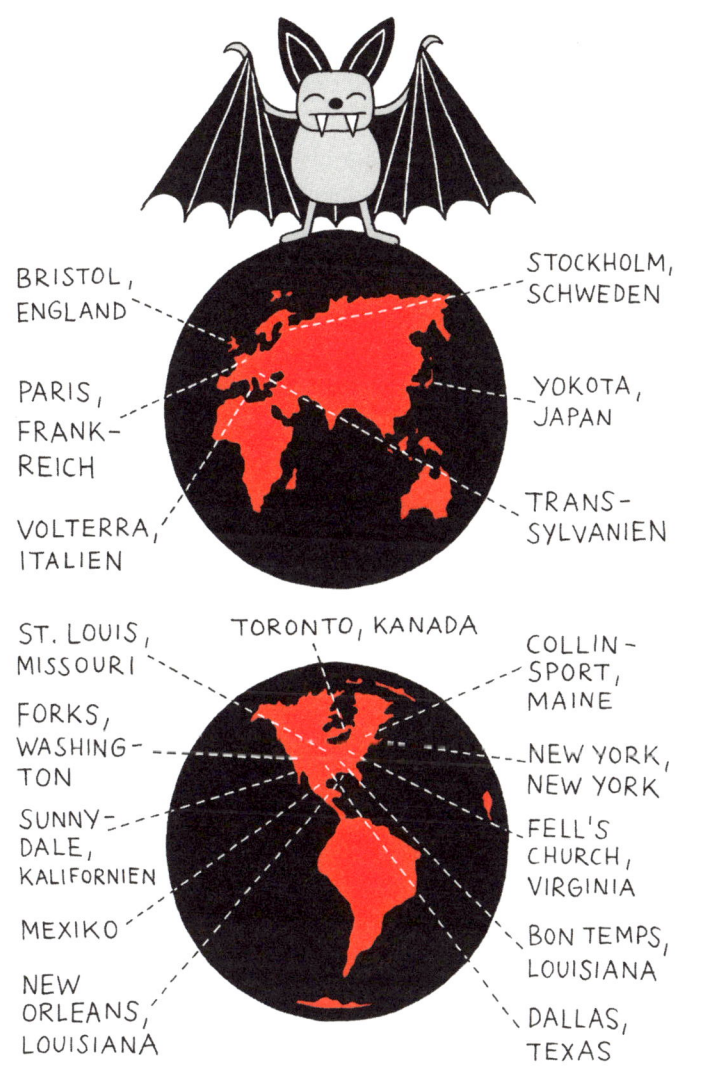

BRISTOL, ENGLAND

STOCKHOLM, SCHWEDEN

PARIS, FRANK-REICH

YOKOTA, JAPAN

VOLTERRA, ITALIEN

TRANS-SYLVANIEN

ST. LOUIS, MISSOURI

TORONTO, KANADA

COLLIN-SPORT, MAINE

FORKS, WASHINGTON

NEW YORK, NEW YORK

SUNNY-DALE, KALIFORNIEN

FELL'S CHURCH, VIRGINIA

MEXIKO

BON TEMPS, LOUISIANA

NEW ORLEANS, LOUISIANA

DALLAS, TEXAS

Was tun?

Genau darum geht es in diesem Buch. Betrachten Sie es als Leitfaden, um herauszufinden, was in der Vampirwelt Realität und was Fiktion ist.

Auf den folgenden Seiten werden wir uns zunächst mit dem Vampir im Allgemeinen beschäftigen und seine Herkunft, sein Äußeres und sein Verhalten beleuchten.[1] Nachdem Sie Grundkenntnisse über die Gattung erworben haben, erfahren Sie, wie Sie mit dem fängetragenden (mitunter auch fängelosen) Wesen am besten umgehen. Anhand von Beweisen, die aus einer Vielzahl von Quellen, darunter Bücher, Filme und TV-Serien, gesammelt wurden, werden Sie lernen, welche Arten von Vampiren es gibt, wie Sie einen potentiell tödlichen Unsterblichen von dem lästigen besessenen Stalker unterscheiden und wie Sie die Gefahr, die von einem Vampir ausgeht, einschätzen können, um richtig darauf zu reagieren – sei er nun Freund oder Feind.

Schließlich erhalten Sie praktische Ratschläge, die Ihnen als Schritt-für-Schritt-Leitfaden dienen können, um zahlreiche alltägliche Situationen mit Vampiren zu meistern. Was tun, wenn mein Laborpartner ein Vampir ist, der mich weder riechen noch leiden kann? Wie verhalte ich mich im Fall eines Vampiraufstandes? Welche Benimmregeln muss man bei einem Treffen mit der Ex eines Vampirs einhalten? All dies sind wichtige, praxisorientierte Fragen, die in Kapitel 8 beantwortet werden.

---

1 Obwohl es männliche und weibliche Vampire gibt, bezeichnen wir in diesem Buch Vampire der Einfachheit halber allgemein als *er*, da die meisten der hier besprochenen Exemplare tatsächlich männlich sind.

Was geht Sie das alles an?

Wie wir schon feststellten, erreicht die Popularität von Vampiren mittlerweile Rekordwerte, doch mit dieser neuen Prominenz und Idolisierung geht ein völlig unangebrachtes und unbegründetes Gefühl der Sicherheit einher. Die Vampire der Popkultur werden mittlerweile so sehr akzeptiert und vermarktet, dass wir vergessen, worauf der Vampir tatsächlich aus ist.

Blut.

Er hat es auf Ihr Blut abgesehen und das Ihrer Familie und Lieben. Und nur, weil wir in einer Welt leben, die die Untoten mit offenen Armen aufnimmt, bedeutet dies noch lange nicht, dass man diesem Trend naiv und blindlings folgen muss. Nein, nicht alle Vampire sind böse und scharf auf das süße Blut einer Jungfrau. Doch sind auch nicht alle Vampire tragische Einzelgänger auf der Suche nach der wahren Liebe.

Mit Sicherheit wissen wir nur, dass Sie jedem, wirklich jedem Vampir mit Vorsicht begegnen sollten. Sie können die Kinder der Nacht nicht länger ignorieren. Möglicherweise geht es um Ihr Leben.

1

DER VAMPIR

IM ALLGEMEINEN

Ich bin weder gut noch schlecht,
weder Engel noch Teufel,
ich bin ein Mann, ich bin ein Vampir.
Michael Romkey, *I, Vampire*

Ehe wir uns den einzelnen Spezies der Vampirgattung zuwenden, ist es wichtig, dass Sie zunächst ein Grundverständnis für den typischen Vertreter entwickeln. Sowohl im Umgang mit Romantischen als auch mit Tragischen oder Bösen Vampiren werden einige allgemeine Informationen über Untote hilfreich sein, um eine sachkundige Einordnung vorzunehmen. Dieses Kapitel beschäftigt sich mit den zahlreichen wichtigen Merkmalen des Vampirs wie etwa den physischen Besonderheiten der Fangzähne und der endlosen Debatte, ob Vampire tatsächlich glitzern.

Obwohl wir keine Mühen gescheut haben, einen umfassenden Führer über Vampire vorzulegen, muss doch gesagt werden, dass es sich hier um eine Gattung handelt, die sich ständig weiterentwickelt und verändert. Wir haben uns bemüht, alle typischen Erkennungsmerkmale, geschichtlichen Hintergründe und Schwächen der häufigsten Vampirspezies darzustellen, aber noch während Sie dies lesen, kann durchaus irgendwo da draußen eine vampirische Unterart mutieren und uns eine neue Nosferatu-Blutlinie mit bisher unbekannten Fähigkeiten und Eigenschaften bescheren. Es ist eine im ständigen Umbruch begriffene, geheimnisumwobene Unterwelt, und wer weiß schon, was diese übernatürliche Welt erwartet, sobald die Sonne untergeht.

Das Erbe der Vampire
WOHER KOMMEN VAMPIRE?

Da die Entstehung der Vampire so rätselhaft ist, hat sie zur Bildung zahlreicher Mythen geführt. Manche Theorien gehen auf einen uralten Volksglauben zurück, wonach mit roten Haaren und blauen Augen geborene Kinder zum Vampirismus[2] verdammt waren. Doch die vielen hundert Theorien über die Herkunft der Vampire sind wenig hilfreich, um zu beweisen, dass die Untoten in Lederjacken, die man heute durch die Straßen schlendern sieht, von einer Vampirurmutter oder einem Vampirurvater abstammen.

Werden wir je die Wahrheit erfahren, wo doch die meisten Vampire selbst kaum wissen, wer sie sind und woher sie kommen? Das ist schwer zu sagen. Die meisten derjenigen Vampire, die dieses Geheimnis kennen, verteidigen es mit Klauen und Fängen, und so kann es noch eine Weile dauern, bis wir endgültig Gewissheit darüber haben, wann und wo dieses fürchterliche Blutbad eigentlich begann. Aber bis dahin ist es hilfreich, zumindest einige Theorien zu kennen.

DAS MAL VON KAIN UND LILITH   Nach einer alten Theorie verdanken wir den Umstand, dass heute so viele Vampire unterwegs sind, der ersten Dame auf der Erde – nein, nicht Eva, sondern Lilith. Nach alten apokryphen Schriften der Juden wurde Lilith von Gott für Adam, den ersten Mann, geschaffen, und da beide aus dem gleichen Stoff, nämlich Erde, gemacht wa-

---

2   So zu lesen in Heinrich Kramers und Jakob Sprengers *Malleus Maleficarum* (Hexenhammer), erschienen 1486.

ren, wollte Lilith sich partout nichts von Adam sagen lassen. Da ihre Meinungsverschiedenheiten unüberbrückbar waren, verließ Lilith den Garten Eden, um eine eigene Familie zu gründen (Eva wurde dann als nächster Modellversuch aus Adams Rippe geformt, um sicherzustellen, dass sie ihm nicht auch davonlief).

Aber da Gott mit der Änderung seiner Pläne nicht zufrieden war, schickte er einige Engel los, um Lilith in den Garten Eden zurückzuholen. Lilith schloss daraufhin einen Deal mit den Engeln: um unabhängig leben zu können, wurde sie zur Mutter aller Dämonen.

In der Zwischenzeit hatten Adam und Eva mit Kain und Abel Zuwachs bekommen. Als Kain erwachsen geworden war, wurde er neidisch auf seinen kleinen Bruder und ermordete ihn im Zorn. Für diese Tat wurde Kain vom Land seiner Familie vertrieben und bekam ein verräterisches »Mal«. Wie dieses Mal allerdings genau aussah, ist unbekannt. Der Legende nach gelangte Kain auf Liliths Grund und Boden, und die beiden verstanden sich auf Anhieb. Ihre späteren Kinder wurden dann die Vampire, die wir heute kennen.

Wenngleich sich in Bibel und Tora kein Hinweis auf Lilith findet (lediglich in den apokryphen Schriften der Juden, die bisher als nicht gesichert gelten und nicht in die Heilige Schrift aufgenommen wurden), tauchen Kains gottlose Brut und eine Figur, die möglicherweise Lilith darstellt, in dem Heldengedicht *Beowulf*[3] auf.

---

3 Eine interessante Anspielung der Popkultur auf die Mutter aller Vampire findet sich in dem Film *Geschichten aus der Gruft: Bordello of Blood*. Dort wird Lilith von den Toten auferweckt, aber mit einem der Schlüssel zum Höllentor, der mit dem Blut Christi gefüllt ist, in Schach gehalten. Beachtenswert ist auch, dass Angie Everhart, die Schauspielerin, die die Lilith spielt, rote Haare hatte. War dies ein direkter Hinweis auf die (der Legende nach) fuchsroten Locken von Judas oder nur ein glücklicher Zufall? Auch *Die Gruft von*

JUDAS ISCHARIOT   Nach einer anderen unter Vampirkreationisten populären alten Theorie stammen alle Vampire von Jesu verfluchtem, einstigem Freund Judas Ischariot ab, dem Apostel, der und den Sohn Gottes an die Römer auslieferte. Es heißt, dass Judas, der Jesus für dreißig Silberlinge verriet und später Selbstmord beging, mit einem Fluch belegt wurde. Er und seine gesamte Familie wurden für den Verrat und auch für den Selbstmord (der als Todsünde gilt) bestraft. Diese Theorie verleiht der Vorstellung eine gewisse Glaubwürdigkeit, dass Silber ein probates Abwehrmittel gegen Vampire ist.[4]

VLAD UND KONSORTEN   Die meisten Vampirfans sind sich im Klaren darüber, dass die Behauptung, die historische Figur Vlad III. der Pfähler, Fürst der Walachei, sei der Urvater aller Vampire, nur ein Gerücht ist. Der Wirbel um seinen Beinamen Drăculea (abgeleitet vom Lateinischen *draco*, Drache) ist dem Erfolg von Bram Stokers Roman und dem ganzen Draculahype geschuldet. Dennoch ist die Legende von Vlad ein gutes Beispiel für die gängige Vorstellung, dass Menschen vergangener Zeiten als Strafe für ihre ruchlosen Taten in Vampire verwandelt wurden. Vlad ist als grausamer Folterer in die Geschichte eingegangen. Offenbar war er immer schnell dabei, seine Feinde zu köpfen, zu verbrennen, zu sieden, zu häuten oder – besonders gern – zu pfählen. Letztlich musste er für seine fiesen Gepflogenheiten be-

---

Dracula von Marvel Comics enthält einen Hinweis auf die Urmutter.

4   Der Film *Wes Craven presents Dracula* bietet eine interessante Betrachtungsweise dieser Entstehungslegende. Gerard Butler, der in dem Film den bösen Vampir spielt, entpuppt sich letztlich als Judas Ischariot, der seinen Fluch in moderner Zeit ausleben muss und dazu verdammt ist, ewig auf Erden zu wandeln. In der Tat ist Judas mit dem Mal des Vampirs belegt und kann aufgrund seines Verrats nicht sterben. Seine Person ist weder im Himmel noch in der Hölle erwünscht.

zahlen, auch wenn manche Draculafilme Sie glauben machen möchten, dass seine Verwandlung einzig aus Liebe geschah. Es liegt nahe, dass ein historischer Barbar mit einem bösen unsterblichen Wesen in Verbindung gebracht wurde.

Zu anderen Legenden über Menschen, die so böse waren, dass sie in Vampire verwandelt wurden, gehört die von Elisabeth Báthory, die angeblich folterte und in Blut badete. Oder die einer kleinen Gruppe französischer Kreuzritter, die im Krieg eingekesselt wurden und daraufhin das Fleisch ihrer Soldaten verspeisten, um zu überleben. Danach wird die Sache allerdings etwas undurchsichtig: Entweder versprach ein Dämon den Rittern Unsterblichkeit, oder sie verwandelten sich aufgrund ihres grässlichen Kannibalismus von ganz allein. Wie dem auch sei, sie wurden Vampire. Manchen Legenden nach verabschiedeten sich die Ritter (bis auf ein Opfer) aus dem Krieg und gründeten weltweit Vampirclans. Anderen zufolge zog nur ein Ritter seelenlos fort, um den Globus mit Vampiren zu bevölkern.[5]

Äußere Erkennungsmerkmale

Nach diesem allgemeinen Einblick in die Geschichte der Vampire ist es nun an der Zeit zu lernen, woran man Vampire erkennt. Nicht alle Vampire sind gleich. Je nach Blutlinie erben sie verschiedene Vampireigenschaften. Das unterschiedliche Aussehen von Augen, Gliedmaßen und Fangzähnen wird von dem Erzeuger weitergegeben. Was zu einer riesigen Bandbreite an vampirischen Besonderheiten führt.

---

5 Die Geschichte war übrigens Grundlage für den Film *The Forsaken*, in dem zwei Halfies gegen einen der damaligen Ritter (Johnathon Schaech) kämpfen.

Tafel 1

VAMPIRE

A.

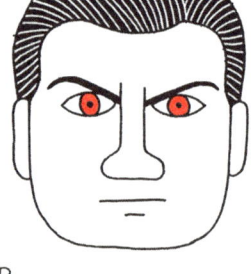

B.

C.

D.

E.

F.

VORLAGE FÜR TWILIGHT?

Im Jahr 1897 veröffentlichte der irische Schriftsteller Bram Stoker seinen Roman *Dracula*. Er wurde kein Bestseller, obwohl er keine schlechten Kritiken, sondern, im Gegenteil, viel Lob erhielt. 1899 erschien das Buch in Amerika, wo es von Hamilton Deane (er war derjenige, der aus dem bösen Dracula einen Gentleman machte) als Theaterstück adaptiert wurde, das schließlich 1927 seinen Weg zum Broadway fand, wo Bela Lugosi die Hauptrolle spielte. Die Aufführung wurde Lugosis Sprungbrett zum Film, in dem er mit Seidencape und gutem Benehmen glänzte.

Aber den eigentlichen Hype um Dracula löste der deutsche Film *Nosferatu* aus dem Jahr 1922 aus. Diese nicht autorisierte Version von Stokers *Dracula* war ein Stummfilm von Friedrich Wilhelm Murnau, in dem Max Schreck den berüchtigten zwiebelköpfigen Grafen Orlock spielte. (Dieser Film machte auch die Vorstellung populär, Vampire könnten durch Sonnenlicht getötet werden. Selbst in der Romanvorlage kann Dracula untertags ausgehen.) Der Film führte zu ausgedehnten Rechtsstreitigkeiten. Stokers Witwe klagte wegen Verletzung des Urheberrechts gegen den Film, was dazu führte, dass per Gerichtsbeschluss alle Kopien von *Nosferatu* vernichtet werden sollten. Aber es waren weltweit bereits so viele Kopien in Umlauf, dass es praktisch unmöglich war, alle ausfindig zu machen, und so existiert der Film noch heute.

Stoker starb 1912, lange bevor er die unglaubliche Popularität, die Dracula auf der ganzen Welt erlangen sollte, und die unzähligen Wandlungen, die seine Romanfigur später erfuhr, hätte erleben können. Er sah weder Lugosis vornehme Version des Vampirs noch, wie Gary Oldman Dracula zu einem sentimentalen Romantiker machte. Auch erlebte er nicht mehr, wie Dracula in Cartoons, in Comics und auf Cerealienpackungen zunehmend vermarktet wurde. Dracula war der erste Starvampir. Und er brauchte nicht einmal zu glitzern.

GLIEDMASSEN Gewöhnlich lassen sich Vampire aufgrund ihrer Extremitäten in drei Kategorien einteilen: in jene, die ständig mit widerwärtigen schuppigen Krallenhänden herumfuchteln, jene, die im Laufe der Zeit menschenartige Gliedmaßen entwickelt haben, und jene, die mal wie ein Mensch, mal wie ein Tier aussehen.

Die unsterbliche Hand ist ein unverwechselbares Evolutionsmerkmal des Vampirs. Aber da die Öffentlichkeit im Laufe der Jahre zunehmend auf Vampire aufmerksam geworden ist, wurde eine Veränderung ihres Erscheinungsbildes notwendig. Ein Vampir niederen Standes kommt heute nicht mehr mit den deformierten Griffeln von Max Schrecks Grafen Orlok durch, außer er wird durch eine eigene Truppe von Lakaien abgeschirmt und beschützt. Klauenhände mit acht Zentimeter langen Fingernägeln lenken rasch unerwünschte Aufmerksamkeit auf den Kopf eines Vampirs. Und obwohl Sie hin und wieder noch die entstellte Krallenhand alter Zeiten sehen werden, haben die meisten Vampire dieses verräterische Merkmal abgelegt.

Vampire, die die Dreistigkeit besitzen, sich ungeniert mit der widerwärtigen gottlosen Hand des Teufels zu zeigen, können meist den Bösen Vampiren (siehe Kapitel 3) zugeordnet werden. Üblicherweise ist ihre Gesamterscheinung ungepflegt, leichenhaft und ziemlich furchteinflößend. Das gilt eben auch für ihre verdammt langen, todbringenden Finger und Nägel. Ihre Griffel scheinen doppelt so groß wie normale Finger zu sein, und ihre Nägel können bis zu acht Zentimeter lang werden. Die krallenartigen Enden sind rasiermesserscharf, und wenn sie kraftvoll eingesetzt werden, können sie mit einer bloßen Handbewegung einen Hals aufschlitzen. Da diese Vampire im Allgemeinen aber wenig Umgang mit Menschen haben (außer, um sie leerzutrinken), halten sie es nicht für notwendig, ihre wahre Gestalt zu verbergen.

Nicht weniger bemerkenswert ist die Beherrschung, die Vampire über ihre Gliedmaßen haben. Die Reichweite eines ausgestreckten

Vampirarms ist häufig deutlich größer als bei einem normalen Menschen. Häufig nutzen Bösewichte ihre Stretch-Armstrong-artigen Fähigkeiten, um sich an ein argloses Opfer heranzumachen. Haben Sie schon mal eine eisige Hand auf Ihrem Rücken gespürt, obwohl sich die nächste Person im Raum außerhalb Ihrer Reichweite befand? Sehr wahrscheinlich war es die welke Hand eines Vampirs, der von hinten Ihre Halsschlagader liebkosen wollte. Aber Sie werden ihn nie erwischen. Er kann sich rascher bewegen, als Ihre kleinen sterblichen Augen wahrnehmen können.[6]

Da einige Spezies noch immer über die Fähigkeit der Gestaltwandlung verfügen, kann eine bemerkenswerte Zahl von Vampiren rasch und mühelos ihr öffentlich unakzeptables Äußeres gegen eine etwas menschlichere Gestalt eintauschen. Und im täglichen Umgang und selbst beim Anlocken von Beute ist es eine echte Hilfe, wenn man nicht wie eine schuppenhändige Bestie aussieht.[7] Diese Fähigkeit hat auch enorme Vorteile für Vampire, die in der Menschenwelt nach Liebe suchen und andernfalls vielleicht gemieden würden, wobei ihre menschliche Gestalt darüber hinaus meist recht anziehend ist. (Dem Vernehmen nach sind diese überlangen Finger zudem in gewissen Stunden ein echter Gewinn.) Aber wenn ein solches Wesen mal wütend, erregt oder hungrig wird, dann fährt es seine Krallen aus. Und sollte es sich um einen Bösen Vampir handeln (siehe Kapitel 3), wird er auch skrupellos zuschlagen.

Viele der Vampire, die keine Gestaltwandler sind, spazieren mit einer abgespeckten Version der schlaksigen deformierten Faust früherer Jahrhunderte durch die Gegend. Die Gliedmaßen moderner Vampire erschei

6   Daher der Versuch der Medien, diese Fähigkeit in Film und Fernsehen durch Zeitraffer und Schnitte nachzuempfinden.
7   Fragen Sie nur die strippende schlangenköpfige Blutsaugerin Santanico Pandemonium aus dem Film *From Dusk Till Dawn*.

nen grazil, sind aber tatsächlich bis in die Spitze des messerscharfen Fingernagels verdammt stark. Weshalb Sie selbst im Umgang mit den geschwächten Vampiren von heute vorsichtig sein sollten. Höchstwahrscheinlich sind diese immer noch in der Lage, Sie wie nebenbei eine Wand emporzuschleudern.

AUGEN   Vielgestaltiger als jeder andere Teil der Vampiranatomie ist das Nosferatu-Auge. Diese blitzenden Schönheiten können, je nach vampirischer Abstammung oder Unterart, jede erdenkliche Form und Größe haben. Auch hier werden Farbe und Anatomie üblicherweise von dem Erzeuger an seine vampirische Brut weitergegeben.

Einem Lackmustest (oder Stimmungsring) vergleichbar können die Augen eines Vampirs Ihnen verraten, was er fühlt, etwa ob er hungrig, wütend oder müde ist (Gefühle, auf die man im Umgang mit einem Vampir unbedingt achten sollte). Meist spiegelt eine Veränderung der Augenfarbe im positiven wie im negativen Sinn einen Anstieg des Adrenalinspiegels wider. Wenn Sie ein Vampirauge aufblitzen sehen, dann ist da jemand erregt – was unter Umständen äußerst ungesund ist (und zwar für Sie). Aber ein Farbwechsel kann auch ernährungsbedingt sein. So gibt es bei den *Twilight*-Vampiren vernünftige Gründe für ihre optischen Auffälligkeiten.[8]

Häufig geht der Farbwechsel der Augen mit anderen Ticks einher. Vielleicht werden Sie feststellen, dass sich parallel zum Augenaufblitzen eine

---

[8] Ein unlängst gewandelter Vampir in der *Twilight*-Serie, oder ein Vampir, der kürzlich Menschenblut getrunken hat, hat karminrote Augen. Dagegen werden die Augen eines *Twilight*-Vampirs, der Blut braucht, pechschwarz, und die Verfärbungen unter seinen Augenlidern (ausgeprägt, da *Twilight*-Vampire nicht schlafen) treten bei Hunger noch stärker hervor. Die Cullens haben bernsteinfarbene oder goldene Guckerchen, da sie eine Spezialdiät aus Tierblut einhalten.

Neandertalerstirn entwickelt oder der Mund vergrößert. So machte die *Buffy*-Serie die Welt mit der schwer zu verbergenden S.V.F. (Sexy Vampire Forehead oder »Sexy Vampirstirn«) bekannt.[9]

HÄUFIGE AUGENFARBEN BEI VAMPIREN

Eisblau/Weiß/Silber

Underworld

Chronik der Vampire

Salem's Lot – Brennen muss Salem

Kalter Kuss – Cold Hearts

Van Helsing

John Carpenters Vampire

Blassgelb (Fiebergelb)

The Lost Boys, Lost Boys: The Tribe

Buffy – im Bann der Dämonen *(TV-Serie)*

Blade

Salem's Lot *(Miniserie)*

Die rabenschwarze Nacht –

Fright Night

Vampire in Brooklyn

Schwarz

Being Human

30 Days of Night

Vampire Diaries

Blood Ties – Biss aufs Blut

The Dresden Files

Twilight-*Filme*

Blutrot

Bram Stoker's Dracula *(Film)*

Twilight-*Filme*

Bloody Marie – eine Frau mit Biss

Wes Craven präsentiert Dracula

Christopher Lee

in fast allen seinen Dracularollen

Frostbiten

---

9   In ihrer TV-Realityshow in dem Comic *Buffy the Vampire Slayer*, Staffel 8, Ausgabe 21, »Harmonic Divergence«, spricht *Buffys* Harmony von »zerzaustem Haar über der S.V.F.« (die Herausgeber vermuten an dieser Stelle, dass damit »Sexy Vampire Forehead« gemeint ist). Diese Art von Stirn findet sich auch in *The Lost Boys*, *Lost Boys: The Tribe*, *Subspecies – Im Blutrausch* und *From Dusk Till Dawn*, um nur einige Filme zu nennen.

FANGZÄHNE Ähnlich wie bei den Augen hat es die Vampirgattung auch bei den Zähnen im Laufe der Jahre zu einer beträchtlichen Vielfalt gebracht. Von den überdimensionalen krummen Hauern bis hin zum faktischen Fehlen eines spitzen Grinsens haben sich Vampire und ihre Fangzähne seit der ersten Erwähnung dieses harten Lächelns in *Varney, der Vampir, oder das Fest des Blutes* in den 1840er Jahren ständig weiterentwickelt. Ein großartiges Beispiel für den Evolutionsprozess der Vampire hängt dieser Gattung also direkt aus dem Mund heraus.

Fest steht jedenfalls, dass in Medien und Popkultur immer mehr Vampire ohne verlängerte Beißerchen auftauchen. Das Fehlen der Fangzähne erlaubt es den Wesen, sich unauffällig zu verhalten. Betrachten Sie aber die Vergangenheit, dann werden die Zähne, je weiter Sie zurückgehen, immer exotischer. Denken Sie nur an die ersten Filmfänge in *Nosferatu*. Sie saßen vorn im Mund des Vampirs, waren groß und bestens geeignet, um die Lippen über Bisswunden zu legen und nach Herzenslust zu saugen, aber für jegliche Art der Kommunikation eine echte Katastrophe. Und davon einmal abgese-

A. Der klassisische überdimensionale Klapperschlangensatz oder einfahrbare Fangzahnsatz.

B. Ältere Form der Frontfangzähne. Sie können sich denken, welche Probleme dem Besitzer jegliche Art der Konversation bereitete.

C. Die Doppelfangzähne. Der untere Satz ist ebenso dekorativ wie überflüssig, gleichwohl aber furchteinflößend.

D. Das hässliche Gebiss. Ästhetisch wenig ansprechend, aber nützlich, um jemandem Angst einzujagen.

E. Der klassische überdimensionale Klapperschlangensatz oder einfahrbare Fangzahnsatz.

F. Der Dolchzahnkiefer. Wird häufiger zum Verstümmeln und Essen als zum zarten Saugen am Hals benutzt.

G. Der mutierte Vampirmund. Kann sehr unterschiedliche Formen und Größen annehmen. Hier löst sich der Kiefer tatsächlich mitunter vom Schädel, um Opfer von der Seite zu attackieren.

Tafel 2
FANGZÄHNE

A.

B.

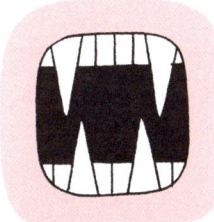

C.

D.

E.

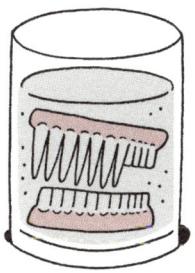

F.

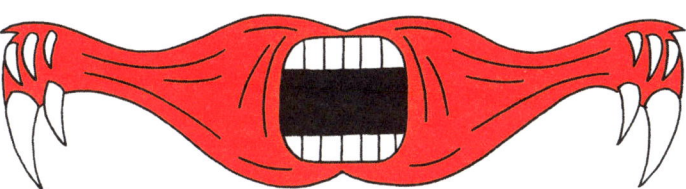

G.

WAS VERSUCHEN DIESE VAMPIRE ZU KOMPENSIEREN?

Falls Sie sich mal ein paar Filme mit wirklich atemberaubenden Vampirgebissen reinziehen wollen, schauen Sie doch diese fangophilen Streifen* an. Dort hat jeder Vampir einen Mund voller schimmernder Schönheiten, so groß, dass man glauben könnte, er wolle die Aufmerksamkeit von etwas anderem ablenken. Fangzähne: Der Ferrari des Vampirs.

* Circus der Vampire
  Sylvia, Der Biss der Schlangenfrau
  Kah, Die sieben goldenen Vampire
  Draculas Bräute, Van Helsing
  Die rabenschwarze Nacht – Fright Night
  Dwight Renfield, The Night Flier
  Katrina, Vamp

hen, wer würde beim Anblick solcher Hauer *nicht* vermuten, dass dieser Kerl ein Geschöpf der Nacht ist? Das langsame und stetige Schrumpfen der Fangzähne verrät eine Menge über die vampirische Evolution. Aber Vorsicht, das Vorhandensein oder Fehlen von Reißzähnen reicht nicht aus, um einen Vampir zu klassifizieren. Nosferatu schlägt sowohl scharfe als auch stumpfe Zähne in sein Opfer.

EINFAHRBARE ZÄHNE In der Vampirgattung am verbreitetsten ist heute der einfahrbare Fangzahn. Wenn ein Vampir erregt, wütend oder hungrig ist, schieben sich die Zähne aus dem Zahnfleischrand heraus. Klar, mancher Vampir zieht es vor, ständig mit gefletschten Fangzähnen herumzulaufen, aber gemeinhin fahren die Reißzähne, wenn sie nicht mehr gebraucht werden, in das Zahnfleisch zurück.

Ab diesem Punkt beginnt sich das Aussehen des einfahrbaren Fangzahns abhängig von Blutlinie und Vorlieben des Vampirs jedoch zu unterscheiden. Einige Vertreter der Untoten tragen einen doppelten Satz Reißzähne.[10]

---

10 Siehe Danica Talos in *Blade: Trinity*, Henry Fitzroy in *Blood Ties* und die Vampire in *The Dresden Files*.

Manche haben zwei Paar Zähne im Oberkiefer, andere oben und unten Fangzähne, um besonders fies auszusehen, wenngleich dadurch die Gefahr besteht, zu einem Flaschenöffner zu mutieren. Gemeinhin werden die Zähne von dem Erzeuger an seine Schutzbefohlenen weitergegeben, doch ein kurzer Stopp auf dem Zahnarztstuhl, und das Lächeln eines Vampirs ist wie neu.

DIE KLAPPERSCHLANGE Eine interessante Verwandlung erlebten die Vampire der *True-Blood*-Serie bei ihrem Sprung aus der Buchvorlage ins Fernsehen. Ihr Fangzahn-Design entspricht einer der realistischsten Kombinationen aus natürlichem und übernatürlichem Wesen. Die Zähne wurden dem Gebiss von Klapperschlangen nachempfunden, sind hinter den anderen Zähnen vor Blicken verborgen und klappen bei einem Adrenalinstoß aus. Wir bezeichnen sie deshalb gern als »Klappzähne«.

Die Zähne sind mit Speichel überzogen, der Vampirgift enthält (zu dem Gift später mehr), das sich (je nach Vampir) in einer Hauttasche nahe der Wangen oder direkt im Speichel befindet.

FANGLOSE UNTERARTEN Vampire ohne Fangzähne sind weitaus verbreiteter, als Sie vielleicht denken. Tatsächlich besitzen einige der bei Hardcorefans beliebtesten Unterarten keine erwähnenswerten Fangzähne. (Und nein, *Twilight* war nicht der erste Film mit fangzahnlosen Vampiren.) Weder Bela Lugosi noch Frank Langella hielten einen exzessiven Fangzahneinsatz für notwendig und verzichteten bei ihren berühmten Interpretationen des Grafen Dracula auf Zahnersatz. In der heutigen Welt ist es wohl sinnvoller, sich für subtilere Vorgehensweisen zu entscheiden.[11]

11 Beispiele für fängelose Vampire in: *Near Dark – Die Nacht hat ihren Preis, Heartstopper, Begierde, Blut an den Lippen, Rise: Blood Hunter, Twilight, The Forsaken* und *Martin.*

EIN MUND VOLL GARSTIGES   Auf jeden Vampir mit perlweißen Eckzähnchen kommt einer mit krummen, vergilbten, verdammt langen Hauern. Doch diese grässlichen Mäuler sind nicht nur eine wunderbare Witzvorlage für den paranormalen Mobber, sondern auch einer der vielgestaltigsten und interessantesten Aspekte der vampirischen Anatomie. Sie bieten ein veritables Spektrum an abgenutztem, deformiertem Calcium, das in unterschiedlichen Formen verbogen und verzogen ist. Dieses Vampirlächeln ist wahrhaftig eine verkannte Kunst der Diversifikation.[12]

Das grässliche Grinsen findet man vorwiegend bei Bösen Vampiren, und es ist ebenso gefährlich wie selten, jemandem mit diesem uralten Gesichtsausdruck auf der Straße zu begegnen. Aber wenn man bedenkt, in welcher Weise die Medien einige der ältesten Vampire mit verlotterten Zähnen dargestellt haben, gleicht die Begegnung mit einem ihrer Vertreter in der heutigen Zeit einer Reise in die Vergangenheit. Es ist fast unmöglich, all die hinreißenden Abscheulichkeiten dieses Fangzahntyps zu beschreiben. Die Hauerchen können lang, unterschiedlich groß, kariös oder krumm sein, weit auseinanderstehen oder seitlich aus dem Vampirmund herausragen. Aber wohlgemerkt: Sie sind tödlich, und dieser Vampirtypus hat kein Bedürfnis, Ihnen seine Plomben zu zeigen, wenn dabei keine Mahlzeit herausspringt.

Eine interessante Unterabteilung der verbogenen Fangzähne bilden die mutierten Kiefer. Wiederum kommen sie am häufigsten bei den Bösen Vampiren vor, und diese seltsame anatomische Eigenart erlaubt es, dass die Kiefer sich ausdehnen oder aufspringen können, damit der Vampir besser essen kann. Ein typisches Beispiel sind die Reaper in *Blade I*, die diesen körper-

---

12 Beispiele für verbogene Reißzähne finden sich etwa in *Nosferatu, Die rabenschwarze Nacht – Fright Night, Subspecies – Im Blutrausch* und *Salem's Lot – Salem muss brennen*.

lichen Vorteil dazu nutzen, andere Vampire zu verspeisen. Doch im Gegensatz zu den lustvollen Empfindungen, von denen jene berichten, die von dem typischen fängetragenden Vampir gebissen werden, scheint diese Art des Blutsaugens für das Opfer unglaublich schmerzhaft und ausnahmslos tödlich zu sein (eine Ausnahme bilden die Reaper – jeder, der von einem Reaper gebissen wird, beginnt sich auf der Stelle selbst in einen Reaper zu verwandeln).

Wissenschaftlicher Pfusch und die Evolution haben bei der Vampirgattung zu Veränderungen geführt. Mit der Zeit werden wir wohl modernere Formen von Fangzähnen zu sehen bekommen oder vielleicht sogar ihr vollständiges Aussterben beobachten können wie in dem Roman *Die Saat* von Guillermo del Toro, in dem virusinfizierte Vampire ihre Opfer nicht mehr mit ihren Zähnen, sondern mit Stacheln attackieren.

GIFT   Ob übernatürlicher Saft oder giftiger Krankheitserreger, jeder Vampir sondert eine wirksame Substanz ab, die Sie in einen Unsterblichen verwandelt – außer, er bringt Sie erst mal um die Ecke. Diese Flüssigkeit wird gemeinhin als Gift, mitunter aber auch als Virus bezeichnet. Was Vampirgift betrifft, ist es schwierig, zu viele Verallgemeinerungen vorzunehmen, da es sich im Laufe der Jahre zu rasch und zu stark verändert hat.

Manche Leute glauben, dass die Wirksamkeit des Giftes abnimmt, je weniger Menschenblut der Vampir trinkt. Was sich bislang aber nicht ohne möglicherweise tödliche Folgen beweisen lässt. Andere meinen, bestimmte Stämme des Vampirvirus hätten das Gift so weit abgeschwächt, dass Vampire ihre Opfer beißen können, ohne sie vollständig zu verwandeln, sofern nicht weitere Maßnahmen ergriffen werden (etwa ein kompletter Blutaustausch). So oder so. Sie sollten sich im Klaren darüber sein, dass es in den meisten Fällen, in denen Sie Vampirgift ausgesetzt wurden, eine Weile dauern wird, bis es wieder aus Ihrem Körper entfernt ist. Und hoffentlich hatten Sie nicht das Pech, mit einem seltenen Stamm infiziert worden zu sein, der zu einer sofortigen Verwandlung führt. Übrigens lohnt es sich ehrlich gesagt nicht, ein Risiko einzugehen, nur um festzustellen, was Ihr Körper aushält, ehe das Gift Ihr Erbgut zu zerstören und Ihren Körper zu verwandeln beginnt.

VAMPIRWERDUNG So wie in der Vampirwelt ein ganzes Spektrum an Fangzähnen existiert, gibt es auch vielfältige Möglichkeiten für Vampire, Menschen zu verwandeln. Die meisten beinhalten irgendeine Form des Blutaustauschs mit einem Vampir, doch da es selbst hier Ausnahmen von der Regel gibt, müssen Sie sich mit den verschiedenen Ritualen vertraut machen, um im Fall einer drohenden Verwandlung die richtigen Verteidigungsmaßnahmen ergreifen zu können.

BLUTAUSTAUSCH Bei der verbreitetsten Zeugungszeremonie trinkt der Vampir zunächst das Blut des Menschen und dann der Mensch das Blut des Vampirs. In den meisten Fällen muss dem Menschen dabei fast sein gesamtes Blut abgezapft werden, was zu extremer Schwäche führt. Wird er nicht vollständig ausgeblutet, überlebt er den Blutverlust und bleibt sterblich, legt sich aber die eine oder andere seltsame Angewohnheit zu (er meidet das Sonnenlicht, zischt und ist wild auf Blut). Doch für die vollständige Verwandlung muss ein Sterblicher höchstwahrscheinlich an der Schwelle des Todes stehen, damit er durch reichliche Mengen Vampirblut als Unsterblicher wiedererweckt werden kann. Diese Praxis ist nicht sonderlich neu. Tatsächlich kommt sie in Bram Stokers *Dracula* ebenso vor wie in der *Chronik der Vampire* und den *Vampire Diaries* von heute. Entscheidend bei dieser Art der Verwandlung ist, dass der Mensch in gewisser Weise stirbt, damit er als Vampir auferstehen kann.

VAMPIRE UND DROGEN

In den *True-Blood*-Büchern und der darauf basierenden TV-Serie boomt der vampirische Drogenhandel, und Menschen erhalten den ultimativen Kick durch V-Saft (Vampirblut). Was aber geschieht, wenn ein Vampir einem Junkie in den Hals beißt? Werden Untote durch die Drogen Sterblicher high?

Alles scheint darauf hinzudeuten. In Norman Spinrads Roman *Vampire Junkies* entwickelt der Graf, nachdem er in New York City das Blut eines Junkies getrunken hat, eine üble Heroinabhängigkeit. In den *Preacher*-Comics kämpft der Vampir Cassidy mit ziemlich heftigen Drogenproblemen und durchlebt schwere Tiefs, um an Stoff zu kommen. In *Buffy* spuckt Angelus das Blut eines Mitgliedes des Schwimmteams der Sunnydale High School wieder aus, wobei wir zunächst vermuten, dies sei auf die Einnahme von Steroiden zurückzuführen, aber später erfahren wir, dass da etwas Übleres in den Adern fließt. Doch sein Widerwille gegen verunreinigtes Blut beweist, dass Vampire vielleicht dadurch beeinflusst werden, was sie essen. *Buffys* Spike bringt die Sache eher auf den Punkt. In der Episode »Elternabend mit Hindernissen« sagt er: »In Woodstock saugte ich einem dieser Hippies das Blut aus und beobachtete die nächsten sechs Stunden nur noch, wie sich meine Hand bewegte.« Nach den Überlieferungen der Popkultur scheint es so, als könnten bewusstseinsverändernde Drogen und in manchen Fällen auch Schlangengift tatsächlich Auswirkungen auf Vampire haben.

EINE UNTOTE TUGEND: GEDULD   Einige Wandlungsrituale scheinen einen wiederholten Blutaustausch und eine Menge Zeit, mitunter sogar Tage zu erfordern. Was der *True-Blood*-Vampir Bill Compton seiner späteren Freundin Sookie Stackhouse in *Vorübergehend tot* so erklärt: »Dazu müsste ich Sie ausbluten, entweder in einer einzigen Sitzung oder auf zwei, drei Tage verteilt, bis Sie kurz davor sind zu sterben. Dann müsste ich Ihnen mein Blut geben. Sie würden etwa 48 Stunden wie tot wirken, das kann sogar bis zu drei Tagen dauern. Danach würden Sie sich erheben und fortan die Nacht bevölkern – und Sie wären hungrig … Andere Vampire haben mir erzählt, Menschen, von denen sie sich regelmäßig jeden Tag nährten, hätten sich plötzlich und unerwartet in Vampire verwandelt. Aber dazu ist es erforderlich, dass man sich wirklich kontinuierlich und auch sehr ausführlich nährt. Andere Menschen wiederum werden unter denselben Umständen nur blutarm.«

In der TV-Serie *True Blood* werden der Erzeuger und seine Brut während des Vorgangs tatsächlich gemeinsam begraben. Eine nicht ungewöhnliche Praxis, da der Prozess Zeit braucht. Tatsächlich werden viele Halbverwandelte von den Menschen für tot gehalten und beerdigt, nur um, wie bei *Buffy,* mitten auf dem Friedhof plötzlich wieder aufzutauchen. Dankenswerterweise ist die übermenschliche Stärke, die man durch die Vampirwerdung erhält, hilfreich, um sich aus dem dreckigen Grab wieder herauszuschaufeln wie im Fall der jungen Gina Covella in *Vamped*, die (Überraschung!) in einem Sarg aufwacht.

NUR EIN EINZIGER BISS Einige Vampire müssen nur einmal zubeißen, um Sie zu ihresgleichen zu machen. Nach diesem Prinzip gehen die *Twilight*-Vampire vor. Nachdem Bella gebissen wurde, wälzt sie sich auf dem Boden und windet sich durch die Wirkung des Vampirgifts vor Schmerzen, auf dem besten Weg, nach einem einzigen Biss zum Vampir zu werden. Ein alter Hut. Die ebenfalls fangzahnlosen Vampire in *Near Dark – Die Nacht hat ihren Preis* können einen Sterblichen durch nur einen simplen kleinen Biss verwandeln.

BLUT FÜR SIE   Ein Wort der Warnung: Erzeugerblut muss nicht zwangsläufig aus dem Hals, dem Handgelenk oder der aufgeschlitzten Brust eines sexbesessenen Vampirs stammen. Mitunter taucht es auch in Flaschen auf. *The Lost Boys* versuchen (in I und II) Anwärter für ihre Vampirclique dazu zu bringen, etwas Hauswein zu probieren. Und bei diesem »Wein« handelt es sich um altes Vampirblut, das den arglosen minderjährigen Trinker verwandelt. Auf ähnliche Weise wird in *A Taste of Blood* die Hauptfigur zu einem Vampir, nachdem ihm ein alter Verwandter zwei Flaschen Obstbrand geschickt, und er sie niedergemacht hat. Vorsicht also, wenn auf einer Vampirparty Fläschchen mit einer mysteriösen Flüssigkeit herumgereicht werden. Es könnte der eine Drink sein, der Sie ein für alle Mal um den Verstand bringt.

VIRUS ODER FLUCH   Viele Leute fragen sich, wie sich die Vorstellung von einem Vampir, der durch einen religiösen Fluch entstanden ist, mit der heute von den Medien verbreiteten wissenschaftlichen Auffassung der Vampirmutation durch ein Virus vereinbaren lässt. Was auch immer hinter der Vampirwerdung stecken mag, die beiden Ideen schließen einander nicht aus.

Vor den Tagen der modernen Wissenschaft schien den meisten Menschen ein übernatürlicher Fluch die einzig plausible Erklärung für Vampirismus zu sein. Die verschiedenen Vampirunterarten, die negativ auf religiöse Paraphernalien reagierten, schienen diese Vorstellungen nur zu bestätigen.[13] Ob der ursprüngliche Grund für die Schöpfung des ersten Vampirs mystischer Natur war, mag dahingestellt sein. Heute wird jedoch allgemein angenom-

---

13   Zweifellos ist im *Buffy*-Universum ein stark religiöses Element im Spiel, und der Vampirfluch wird so dargestellt, dass gottlose Dämonen von den Körpern menschlicher Wirte Besitz ergreifen und ihre Seelen zerstören.

men, dass die meisten Vampire mit einem Virus infiziert sind, der sich im Blut befindet und auf Menschen übertragbar ist. In *Blade II* erklärt ein Wissenschaftler, Vampirismus sei auf einen Virus zurückzuführen, der sich durch den Speichel verschiedener parasitärer Organismen verbreite. Eine solche Theorie erklärt zudem, weshalb möglicherweise auch Tiere infiziert werden können.[14]

TIERVAMPIRE

Menschen sind nicht die einzigen Lebewesen, die in die Fänge von Vampiren geraten können. In der Popkultur gibt es vereinzelt merkwürdige Berichte über so manchen seltsamen Tiervampir. Vergessen Sie das hinreißende Möhrensaft saugende Kaninchen Kanicula – wir sprechen hier von Killertieren. Der vielleicht berühmteste Tiervampir, ist die Höllenkuh, die in dem Comic *Howard – Ein tierischer Held* von Dracula verwandelt wird.

Dies schließt keineswegs die Vorstellung aus, dass Vampire übernatürliche Wesen sind. Schon die Tatsache an sich, dass es einen Virenstamm gibt, der Menschen in halbtote, blutrünstige Monster verwandelt, scheint faszinierend, aber wir werden hoffentlich ein besseres Verständnis für die Herkunft von Vampiren entwickeln, wenn wir uns ausführlicher mit den verschiedenen Spezies befassen. Vielleicht stellen wir dann fest, dass dank der Technologie im Laufe der Jahre die Grenzen zwischen übernatürlicher Welt und Wissenschaft schrumpfen.

Merken Sie sich also: Nur weil einige Leute mit einem Nosferatu- oder Vampirvirus infiziert sind, müssen sie nicht notwendigerweise von Gott verflucht sein – vielleicht macht es sie einfach nur schrecklich unglücklich.

---

14 Wir haben auch erlebt, dass das Virus Medikamentenform haben kann, wie in dem schwedischen Film *Frostbiten*.

Fähigkeiten

Vampire sind übernatürliche Wesen, und wenn man sich damit zu befassen beginnt, was jeden von ihnen einzigartig und anders macht, wird man auf eine enorme Vielfalt stoßen. Wie die Haarfarbe bei Menschen unterscheiden sich die besonderen Fähigkeiten einzelner Vampire stark. Einige Vampire entwickeln nach der Verwandlung mediale Fähigkeiten, andere können fliegen. Wieder andere wachen in ihrem neuen Vampirleben nur mit dem Nötigsten, wie extreme Kraft und Schnelligkeit, ausgestattet auf. Wir sind zu dem Schluss gekommen, dass telepathische Fähigkeiten typspezifisch zu sein *scheinen* – weitere Informationen über die Fähigkeiten einzelner Spezies finden Sie in den nachfolgenden Kapiteln. Davon abgesehen sieht es aber so aus, als würden sich vampirische Fähigkeiten rasch weiterentwickeln.

VAMPIR-GPS Eine nützliche Eigenschaft von Vampiren ist ihr eingebautes GPS. Es kommt ziemlich selten vor, dass Vampire sich verirren oder nach dem Weg fragen müssen. Das Leben auf der Straße liegt ihnen im Blut, da ihr Geist ganz darauf programmiert ist, sich selbst im Schlaf seiner Umgebung gewahr zu sein. Dies erleichtert lange Fahrten in Autos mit geschwärzten Scheiben wirklich enorm. Wer braucht schon Rückspiegel, wenn er seine Umgebung spüren kann?

Vampire setzen diese Fähigkeit auch durch ihre Lakaien und Bissopfer ein. Wenn ein Vampir einen Menschen beißt, stellt er eine Verbindung her und kann so (auf recht makabre Weise) seine Umgebung wie auch seine Mahlzeit im Auge behalten (diese menschlichen Diener werden häufig als Familiare bezeichnet).

Das innere GPS ist zudem eine phantastische Warnanlage. Es ist eine außergewöhnliche, ja fast unmögliche Meisterleistung, sich an einen Vampir

KÖNNEN VAMPIRE FLIEGEN?

Vampirexpertin Anne Rice lässt ihren Liebling Lestat durch die Luft sausen, und Dracula soll die Gestalt einer Fledermaus angenommen haben, um die Stadtbewohner im alten Transsylvanien zu erschrecken. Aber eine genaue Untersuchung von Mythen, Legenden und Sagen zeigt, dass gewöhnlich nur die mächtigsten, ältesten und einflussreichsten Vampire flugfähig sind. Vielleicht liegt dies daran, dass die Kräfte jüngerer Vampirgenerationen im Laufe der Zeit nachgelassen haben. Wie auch immer. Wer muss schon fliegen können, wenn er über genügend Kraft verfügt, auf Dächer zu klettern und wie ein Superheld durch die Gegend zu gleiten?

Könnte sich also ein gewöhnlicher Vampir, der heute die Straßen unsicher macht, wie ein Teufelsvogel in die Lüfte erheben? Vermutlich nicht. Außer Sie haben es mit einem alten Bösewicht zu tun oder einem Geschöpf, das sich in ein Tier verwandeln kann.

anzuschleichen. Gewöhnlich haben Vampire sich im Laufe ihres untoten Daseins ein paar Feinde gemacht, sei es, weil sie Fehler begangen und im Zorn oder aufgrund einer Hungerattacke jemanden angegriffen oder aber beschlossen haben, einen Kreuzzug gegen ihresgleichen zu führen, wie es der tragische Held tut. So oder so. Es ist immer wichtig, einen Sicherheitsabstand einzuhalten, denn ihre gesteigerten Sinne und ihre innere Wachsamkeit halten Vampire über ihre Umgebung stets auf dem Laufenden.[15]

15   Vampire, die andere als Zielsuchgerät verwenden, finden sich in der *True-Blood*-Serie, den *Twilight*-Filmen, Bram Stokers *Dracula*, Wes Cravens *Dracula*, *The Forsaken – Die Nacht ist gierig* und der *Chronik der Vampire* (obwohl diese Vampire sich meist gegenseitig benutzen).

Schwächen

SONNENLICHT   Obwohl wir alle Vampire, die tagsüber unterwegs sind, gesehen oder von ihnen gehört haben, reagiert das Immunsystem der Mehrheit aller Vampire üblicherweise äußert empfindlich auf Sonnenlicht. Die meisten Vampire beginnen unter Einwirkung von UV-Strahlung zu knistern, aufzuplatzen und zu kochen, und sind sie zu viel und zu hoher Strahlung ausgesetzt, können sie buchstäblich zu einem Haufen Dreck zerfallen. Trotz großzügig aufgetragener Sonnenlotion, trotz Zaubersprüchen oder dem unwahrscheinlichen Fall, dass sie zufällig auf einen alten Schutzring gestoßen sind,[16] empfinden fast alle Vampire schmerzliches Unbehagen in der Sonne. Und im allerschlimmsten Fall verbrennen sie.[17]

---

16   Der Vampirheit scheint ein Haufen Hilfsmittel zur Verfügung zu stehen, die es erlauben, bei Tageslicht herumzuspazieren. In den *Vampire Diaries* tragen Stefan und Damon Lapislazuliringe, durch die sie ins Morgenlicht gehen können. In der vierten Staffel von *Buffy – Im Bann der Dämonen* entdeckt Spike das Juwel von Amara, einen Ring, der ihn immun gegen Dinge wie Pflöcke, Licht und Knoblauch macht. Später bekommt Angel den Ring als Geschenk seiner Ex in die Finger. Aber nicht alle Vampirringe werden Ihnen nutzen. Und Vorsicht, wenn Sie mit den Schmuckstücken der Untoten herumspielen. Dies wird besonders deutlich, als in *Vampire in Brooklyn* Maximilians Ring von einem anderen angesteckt wird. Der Klunker verwandelt den Träger augenblicklich in einen Vampir, inklusive einiger vorteilhafter Veränderungen unterhalb der Gürtellinie (wenigstens das ist gar nicht so übel).

17   Allerdings kann Vampirdetektiv Mick St. John in *Moonlight* entsetzlich lang mit Hut und Sonnenbrille durch die Wüste marschieren, bis er endlich aufgrund der übermäßigen Sonneneinwirkung seinen Willen verliert.

PFLÖCKE Das anscheinend zuverlässigste Mittel zur Bekämpfung eines vampirischen Schädlingsproblems ist der Pflock oder »Van Helsing«, wie er in der *Buffy*-Serie liebevoll genannt wird. Ein spitzer Holzpflock, durch das Herz gebohrt, führt zum sofortigen Tod nahezu jedes Vampirs, sieht man einmal von einigen Big Bads ab, bei denen man vielleicht noch zu dem einen oder anderen Vampirbeseitigungstrick greifen muss. Da manche Vampire zudem nachteilig auf Silber reagieren, kann in einigen Fällen ein silberner Pfahl doppelt tödlich sein.

DER GLITZERFAKTOR

Seit kurzem gibt es heftige Diskussionen um den Sonnenlichtfaktor und seine Wirkung auf die Epidermis des Vampirs. Ja, wir sprechen hier von der »Echte Vampire glitzern nicht«-Kontroverse, die um die *Twilight*-Vampire entbrannt ist.

Glitzern also manche Vampire in der Sonne? Möglich wäre es, da die meisten Mythen der Popkultur in irgendeiner Weise auf historischen Fakten basieren, letztlich ist es aber schwer zu sagen. Es gibt keine alten Mythen über glitzernde Vampire, gleichwohl wissen wir, dass einige Vampirarten tagsüber unbehelligt umherbummeln können. Die Frage des Glitzerns muss unbeantwortet bleiben, bis mehr als nur eine Quelle der Popkultur bestätigen kann, dass Vampire mutiert sind, sich weiterentwickelt haben oder schon immer glitzern konnten.

RELIGIÖSE PARAPHERNALIEN Kreuze, Weihwasser, Priester und Segnungen – mehr brauchte der Mensch früher nicht, um sich einen Nosferatu vom Leib zu halten. Aber Achtung: Die Zeiten sind vorbei.

Als die Kirche noch der Staat war und umgekehrt, ließen sich religiöse Requisiten leicht als wirksame Waffen gegen das Böse anpreisen. Weshalb auch sollten Menschen nicht Dinge zur Abwehr einsetzen, in denen sie Trost fanden?

Doch wie es scheint, haben die meisten Vampire heute begonnen, eine Immunität gegen dergleichen religiöse Symbole zu entwickeln. Immer häufiger sehen wir ganze Horden von Vampiren, die sich beim Anblick eines Kruzifixes zwar unwohl fühlen oder genervt sind, aber keineswegs wie angewurzelt stehen bleiben. Ein gut plaziertes Kreuz hier und dort mag immer noch die eine oder andere Vampirhand versengen, aber es wird Sie nicht vor einem übernatürlichen rechten Haken schützen. Gleichwohl werden diese religiösen Abwehrwaffen früherer Zeiten auf einen alten ungeschwächten Bösewicht zumindest einige Wirkung haben. Sollten Sie sich also blindlings auf eine Flasche Weihwasser verlassen? Nein. Was aber nicht heißt, dass Sie es nicht versuchen sollten. Vielleicht bereitet sie dem Kerl immerhin so viel Verdruss, dass Sie sich aus dem Staub machen können.

MENSCHENNAHRUNG Vampire sind heikle Esser, und wenn sie auf Blut verzichten, scheint dies bei jedem andere

KANN MAN EINEN VAMPIR FOTOGRAFIEREN?

Üblicherweise ja, manche Vampire aber nur mit einer Digitalkamera. Früher hingegen verhinderte die Verwendung von Silber bei der Herstellung von Filmen in den meisten Fällen, dass Vampire auf ihnen zu sehen waren. Sagt zumindest Mick St. John in *Moonlight*. Die Großstadtlegende über Fotos entspringt vermutlich dem Mythos, dass Vampire kein Spiegelbild haben. Dies trifft zwar auf viele Vampire zu, doch auch hier scheint die Blutlinie eine Rolle zu spielen. Der Erzeuger vererbt die Eigenschaft an seine Vampirkinder und so weiter, was bedeutet, dass manche Vampire fotografiert werden können und im Spiegel zu sehen sind, andere hingegen nicht.

Auswirkungen zu haben. Wenn etwa die Hauptfigur in *Andy Warhols Dracula* von seiner strikten Ernährung mit Jungfrauenblut abweicht (oder sie hinsichtlich der Keuschheit ihres Opfers getäuscht wird), endet dies mit dem Gesicht voran in einem blutigen Ausflug auf die Toilette. Andere Vampire *(Vampire Diaries, Die rabenschwarze Nacht – Fright Night)* hingegen können Menschennahrung fast oder ganz ohne Probleme verdauen, auch wenn sie keinerlei Nährwert für sie hat. Zweifellos ist dies eine Frage der

VEGETARISCHE VAMPIRE

Ob Geschmacksvorliebe, Ernährungsfrage oder moralische Entscheidung, viele Vampire werden Vegetarier. Sie verzichten auf Menschenblut und wählen ungefährlichere Mahlzeiten, sei es Tierblut oder ein synthetischer Ersatz. Die Welt des vegetarischen Vampirismus floriert.

Heutzutage behauptet jeder Vampir, Vegetarier zu sein. Tatsächlich kann man einen Vampir aber streng genommen nicht als Vegetarier bezeichnen, solange er menschliches Blut trinkt, ob es aus Blutkonserven, von Blutbanken oder von freiwilligen Spendern stammt. In diesem Fall handelt es sich wohl eher um einen Vampir mit einer »eingeschränkten Ernährung«.

In *Vampires Anonymous* wird Vampiren, die ihre Sucht nach Menschenblut in den Griff bekommen wollen, ein Beratungstelefon und ein Ausstiegsprogramm angeboten. Es gibt sogar einen Test, um festzustellen, welches Tierblut sich am besten für sie eignet. Im Fall der Hauptfigur des Films erweist sich Schafsblut als solches. In *Liebe mit Biss* sieht man Jeremy Capello mit Dosen voller Schweineblut. Und Boya aus *Blood & Donuts* ernährt sich von Tieren, die in der Stadt leben, wie Tauben und Ratten. In den *True-Blood*-Büchern und der auf ihnen basierenden TV-Serie *True Blood* wird der boomende Markt für *Tru Blood*, ein synthetisches Blutgetränk für Vampire, beschrieben. Die Cullens in der *Twilight*-Serie kämpfen täglich gegen ihren Blutdurst und jagen im Wald Tiere, um deren Blut zu trinken. Auch Stefan Salvatore in den *Vampire Diaries* versucht sich nur von Tierblut zu ernähren.

Blutlinie. Am besten Sie erkundigen sich, bevor Sie ein Menü auffahren und dafür von einem Untoten Lobeshymnen erwarten.

HEREINBITTEN   Ob alt oder neu, für die meisten Vampire scheint immer noch zu gelten, dass sie hereingebeten werden müssen, ehe sie ein Heim betreten können. Die Frage, was passiert, wenn ein Vampir ohne vorherige Erlaubnis des Bewohners ein Haus betritt, wird auf recht grausame Weise in *So finster die Nacht* beantwortet, wo das Vampirmädchen Eli daraufhin am ganzen Körper zu bluten beginnt. Doch wie es scheint, sind in dieser Welt Regeln dazu da, gebrochen zu werden, und offene Fenster laden nachts mit und ohne Einladung zu unheimlichen Besuchen ein.

KANN EIN VAMPIR EINEN FLUSS ÜBERQUEREN?

Obwohl sich alte Vampire immer noch vor der Überquerung eines Flusses zu fürchten scheinen, lässt dieser alte Aberglaube heutige Vampire entweder völlig kalt, oder sie werden dadurch nur geringfügig geschwächt (ein perfektes Beispiel liefern hier die *Vampire Diaries*, in denen nur die mächtigeren Vampire unter dem Überqueren von fließendem Wasser leiden). Hier verhält es sich ähnlich wie bei religiösen Paraphernalien, deren Wirksamkeit ebenfalls stark nachgelassen hat.

2

DER ROMANTISCHE VAMPIR

HEMOPHAGO ROMANTICUS

>Du bist jetzt mein Leben«, antwortete er einfach.
Edward Cullen, *Twilight – Bis(s) zum Morgengrauen*

Die wohl berühmteste Spezies unter den Popkulturvampiren ist der Romantische Vampir. Heute hat *Hemophago romanticus* dank des Hypes, den die Medien um verliebte Vampire machen, die treueste und euphorischste Fangemeinde. Die enorme Popularität dieser Spezies hat dazu geführt, dass sich so manches Menschenwesen auf die Jagd nach einem dieser mageren, unverstandenen Vampirliebhaber macht, der nur auf »die eine« wartet.

Die typische Darstellung des Romantischen Vampirs in den Medien bereitet leider in keiner Weise auf den Umgang mit dem labilen Wesen vor, das er tatsächlich ist. Diese besondere Vampirspezies wurde häufig missbraucht und vernachlässigt, hegt tiefsitzende Zweifel hinsichtlich ihrer Vergangenheit und war früher höchstwahrscheinlich an dem einen oder anderen blutigen Gemetzel beteiligt.

Sich unbedarft in die Arme eines solchen Vampirs zu werfen, ohne genau zu wissen, was sich hinter seinen großen glänzenden Augen tatsächlich verbirgt, kann für beide Seiten böse enden, sollte man nicht die nötige Umsicht walten lassen. Falls die Sache schiefgeht, verbessern Sie Ihre Chancen, ohne Narben davonzukommen, wenn Sie wissen, wie man die Begegnung mit einem Romantischen Vampir höflich beendet.

Äußere Erkennungsmerkmale
VOM CAPE ZUR COUTURE

KLEIDUNG Romantische Vampire achten sehr auf ihr Äußeres. Sie können davon ausgehen, dass ihre Augenbrauen gezupft, ihre Gesichter gewaschen, ihre Nägel maniküt und ihre Lippen geschürzt sind (und eigenartigerweise glänzen). Zudem haben sie sich fachmännisch mit Accessoires ausstaffiert. Ob Sie dies nun für eine evolutionäre Notwendigkeit halten oder für eine weitere Methode, arglose Beute anzulocken, Vampire der romantischen Kategorie sind Modefreaks und lieben es, sich mit bestem Zwirn und Schmuck aufzuhübschen.

Diese Modeverrücktheit ist so bekannt, dass viele Firmen eine Menge Geld investiert haben, um diese unsterbliche Bevölkerungsgruppe an sich zu binden.[18] Die Kleidung kann ein entscheidender Hinweis auf einen Vampir sein, der sich auf der Jagd nach einem weiteren Liebesopfer befindet. Sie werden niemals einen Romantischen Vampir sehen, der in einem flauschigen Cosby-Pullover oder einem Cordsakko der letzten Saison durch die Nachtlokale zieht. Durch ein schlechtes Outfit würde er nicht nur allgemein

---

18 Ein klassisches Beispiel für Vampir-Marketing ist Ray Ban. Ausgehend davon, dass die Figur Michael auf dem Filmplakat von *The Lost Boys* eine Sonnenbrille trug, die den Clubmaster-Modellen von Ray Ban ähnelte, begann die Firma der Zielgruppe der Vampire Aufmerksamkeit zu schenken. Ende der 1990er Jahre begann Ray Ban seine Linie superstarker Sonnenbrillen speziell für Vampire zu bewerben. Ein kluger Schachzug, da Werbekampagnen selbst heute noch Einfluss auf die überaus populäre Darstellung des Romantischen Vampirs in den Medien haben. Edward Cullens Tagesausflüge in *Twilight* etwa wären ohne sein Wayfarer-Modell von Ray Ban nicht komplett.

Tafel 3

DER ROMANTISCHE VAMPIR

A.

B.

C.

D.

E.

F.

negative Aufmerksamkeit auf sich lenken, sondern auch, was noch wichtiger ist, eine potentielle Partnerin abschrecken. Ein modischer Ausrutscher kann ein verräterisches Zeichen dafür sein, dass dieses Wesen nicht aus dem Hier und Jetzt kommt, und in diesem Fall wird sich der Vampir dieses Outfits entledigen. Ganz gleich, wie viele Erinnerungen an Klamotten hängen mögen, zu überleben ist allemal wichtiger.[19] Allerdings können Sie sicher sein, dass Romantische Vampire, fiktiv oder real, die Sachen aufbewahren, denn sie könnten schließlich wieder in Mode kommen (spare in der Zeit, so hast du in der Not).

Echte Romantische Vampire sehen naturgemäß so aus, als gehörten sie der gesellschaftlichen Oberschicht an, ohne auch nur einen sorgfältig manikürten Finger zu krümmen. Ihr Stil ist in erster Linie klassisch, aber dennoch modern. Man könnte glatt meinen, sie wären mit einem mühelosen, anmutigen Satz einem Modemagazin entsprungen.

Andererseits sollten Sie auf der Hut sein, wenn Sie einem mutmaßlichen Unsterblichen begegnen, der immer noch mit einem Frankie-Say-Relax-Shirt herumrennt, denn dann haben Sie höchstwahrscheinlich einen Poser am Hals. So oder so. Entfernen Sie sich unverzüglich aus der Situation, denn schlimmer, als einem Möchtegernvampir zu begegnen, ist nur, einem Bösen Vampir über den Weg zu laufen, der zum letzten Mal anständig gegessen hat, als George Michael noch bei Wham war!

19 Selbst *Buffys* Angel muss von seiner glänzenden Lederkombi auf ein maßgeschneidertes Oberhemd umrüsten.

Physische Besonderheiten

Romantische Vampire mögen bezüglich ihrer Straßenkleidung wählerisch sein. Was aber keineswegs bedeutet, dass der liebeskranke Vampir als geckenhaftes Geschöpf abgetan werden sollte, das Ihren Respekt nicht verdient. Die affigen Angewohnheiten können kaum die genetischen Vorzüge überdecken, die diese Vampirspezies in puncto sexueller Anziehungskraft hat. Selbst die mächtigsten unter den Bösen Vampiren finden ihre körperlichen Reize überwältigend – ganz zu schweigen von uns einfachen Sterblichen. Beim Umgang mit dem Romantischen Vampir sollten Sie sich bewusst sein, was Realität ist und was einfach nur Mutter Natur, die mit Ihren sinnlichen Begierden spielt.

HAUT Ein Mittel der Verführung im Repertoire des Romantischen Vampirs ist seine Haut. Romantische Vampire brauchen weder ein Körperpeeling noch einen Augen-Roll-on, ja nicht einmal eine Körperlotion. Selbst mit den Jahren bekommen sie weder Falten, noch sehen sie müde aus (außer sie haben nichts gegessen, aber da gibt es ja ein einfaches Gegenmittel). Bei ihrer Schöpfung werden sie mit einem makellosen Teint gesegnet, der im Laufe der Zeit nur noch marmorhafter wird. Ihre Haut mag sich kalt anfühlen, aber auch angenehm. Die Schönheit ihrer perfekten Wangen ist für Sterbliche verführerisch, doch wie die ebenmäßigen Konturen einer antiken römischen Statue sollte man sie am besten nicht berühren.

Nach der vollständigen Verwandlung ist nicht nur mit Hautunreinheiten, Tränensäcken und Falten Schluss. Einige Vampirchronisten der Popkultur glauben, dass der vampirische Allheilkuss ewigen Lebens auch fehlende Körperteile wieder ersetzt. Das perfekte Beispiel findet sich in Christopher Moores Roman *Liebe auf den ersten Biss*, in dem das Wandlungsritual auch

Körperteile unterhalb der Gürtellinie nachwachsen lässt, die einmal operativ entfernt worden sind. Der Vampir Tommy wacht auf und stellt fest, dass er nagelneu ist, denn seine Beschneidung wurde rückgängig gemacht, was offenbar ein Klacks gewesen ist.

AUGEN Nichts ist fesselnder als der Blick eines Vampirs. Glauben Sie bloß nicht, Sie hätten Ihre Gedanken im Griff. Allein die Farbveränderungen in der Iris eines Unsterblichen werden Sie perplex und sprachlos machen (häufige Augenfarben bei Vampiren siehe Seite 25). Die Medien haben den Augen des Romantischen Vampirs stets besondere Aufmerksamkeit geschenkt. Wenn ein Böser Vampir ein Opfer in seinen Bann geschlagen hat, wird die Augenfarbe des Bösewichts zwar erwähnt, aber nicht darauf herumgeritten. Geht es jedoch um einen Romantischen Vampir, ist das Opfer oft hypnotisiert und durch Goldtöne, wechselndes Eisblau oder furchterregende Rotschattierungen wie gelähmt. Vielleicht ist die übertriebene Aufmerksamkeit, die den Augen dieser Spezies geschenkt wird, einfach darauf zurückzuführen, dass nur sehr wenige Vampirarten Sterbliche so dicht an sich heranlassen würden, dass diese davon erzählen könnten, ohne sie zu töten.

In erster Linie benutzen Romantische Vampire ihre Augen, um die Aufmerksamkeit ihres Gegenübers zu fesseln. Was sie in die Lage versetzt, endlos von ihrem Leben ohne Liebe oder ihren Leiden zu reden, ohne dass der Eindruck entsteht, sie würden irgendeine olle rührselige Geschichte erzählen. Die andere und bei weitem bekanntere Eigenschaft des Vampirblicks ist seine magnetische Anziehungskraft. Während Bösewichte ihre Opfer häufig durch Täuschungsmanöver einwickeln, verführen Romantische Vampire sie, wenn auch äußerst subtil, mit ihren Augen. Eines der ältesten Beispiele für eine sexuelle Verführung durch Vampirblicke liefert Graf Ruthven, dem oft zugeschrieben wird, er habe die Vampire »sexy« gemacht. Nächster in der Reihe der vampirischen Sex-Ikonen ist Bela Lugosis Dracula, der nach heutigen Maßstäben als Romantischer Vampir betrachtet werden könnte.[20]

Obschon der Tragische Vampir oder selbst der Böse Vampir durch einen bloßen Augenschlag Angst und Entsetzen im Herzen eines Opfers hervorrufen kann, vermag ein Romantiker seine Liebesopfer mit seinem Blick stundenlang zu fesseln und wuschig zu machen, ohne groß ihre Gedanken zu manipulieren. Nennen Sie es eine Reflexion seiner Begierden oder rein sexuelle Chemie. Es ist eine seiner wirksamsten Methoden, ein Liebesabenteuer anzuzetteln.

FANGZÄHNE Was den Romantischen Vampir anbelangt, so sind Sex und Fangzähne nicht voneinander zu trennen.[21] Ob er den fleischlichen Freuden

---

20 Okay, Dracula hatte in Liebesdingen nie die lautersten Absichten, aber es ist bekannt, dass sein Blick selbst die sittsamsten Frauen sexuell erregte. Beginnend bei *Dracula* des Jahres 1931 mit Helen Chandler als Mina: »Und dann kam der Traum. Mein ganzes Zimmer war mit Nebelschwaden gefüllt. Der Nebel war so dicht, dass ich nur noch die kleine Lampe sehen konnte. Ein winziger Funken im Dunst. Und dann sah ich plötzlich zwei rote Augen, die starrten mich an. Und ein weißes furchtbares Gesicht kam aus dem Nebel auf mich zu. Immer näher kam es und noch näher. Sein Atem streifte mein Gesicht und dann seine Lippen ... oh!«, war Dracula immer Romantischer, Böser und Tragischer Vampir zugleich, doch Lugosis Darstellung hatte enormen Einfluss auf das heutige Bild des Romantischen Vampirs und ist ein klassisches Beispiel für den alten verführerischen Blick; man beachte das »oh!«.

21 Sie sollten sich jedoch im Klaren darüber sein, dass das Vorhandensein oder Fehlen von Fangzähnen allein kein ausreichendes Kriterium zur Klassifizierung des Romantischen Vampirs ist. Viele Vertreter dieser Spezies besitzen keine Reißzähne oder feilen ihre Zähne ab, um nicht aufzufallen. Aber selbst Romantische Vampire mit absolut stumpfen Zähnen haben die Kraft in den Kiefern, um schlichtweg alles durchzubeißen, und wenn sie die sexuelle Blutgier überkommt, können Ihre Arterien ihnen mächtig verlockend erscheinen.

zuspricht oder ihnen entsagt, wenn ein Vampir mit Fangzähnen sexuell erregt wird, sehen Sie sich höchstwahrscheinlich zwei spitzen perlweißen Beißerchen gegenüber.

Vampire können (sowohl bei geistiger wie auch körperlicher) sexueller Erregung ihre Fangzähne ausfahren, aber dies ist eine Frage der persönlichen Präferenz. Einige Romantische Vampire macht das Warnzeichen von Mutter Natur verlegen, und diese speziellen Nosferatus sind in der Kunst der Selbstbeherrschung extrem erfahren. Ein Vampir kann lernen, wie man dieses verräterische Zeichen der Erregung kontrolliert, um eine potentielle Partnerin nicht in Angst und Schrecken zu versetzen.

Die Reißzähne des Romantischen Vampirs sind wie das Wesen selbst: zart und stilvoll, aber tödlich. Wenn Sie mit einem Romantischen Vampir sprechen und bemerken, dass seine Zähne ausfahren, dann hören Sie besser auf, mit ihm zu flirten, und lenken die Konversation auf unverfängliche Themen, damit Sie nicht unfreiwillig zum Zielobjekt vampirischer Vernarrtheit mutieren.

Abgesehen von den fangzahnlosen Unterarten lassen sich die Hauer von *Hemophago romanticus* meist in zwei Kategorien unterteilen. Bei den einen handelt es sich um Eckzähne, die denen der Klapperschlange recht ähnlich sind und herausklappen können, wenn der Vampir erregt, wütend oder erschrocken ist.[22]

Der andere Satz Fangzähne, der bei Romantischen Vampiren häufig vorkommt, scheint aus dem Zahnfleischrand herauszuwachsen und sitzt vorn im Mund.

---

22 In der auf Charlaine Harris' Romanen basierenden Fernsehserie *True Blood* findet sich die akkurateste Darstellung eines »Schlangenzahnvampirs«. Das Produktionsteam modellierte das Gebiss direkt nach dem Vorbild einer Klapperschlange, und es gibt Ihnen den besten Einblick in das Innere eines Vampirmundes, ohne dass Sie sich dabei verletzen.

Das Ausfahren der Reißzähne versetzt den Vampir in einen Zustand erhöhter sinnlicher Wahrnehmung und öffnet eine hochsensible Nervenbahn im Mund, die direkt mit dem Lustzentrum im Gehirn verbunden ist.

FINGERNÄGEL Der Romantische Vampir kann aufgrund seiner Hände und Fingernägel leicht identifiziert werden. Seine Finger sind länger als die eines normalen Menschen, und auch seine Nägel werden etwas länger sein, aber nicht abstoßend oder bedrohlich wirken. Achten Sie auf feingliedrige, wiewohl kraftvolle Hände mit schimmernden Fingernägeln – auch bei den Männern. Wenn sie wie Glas glänzen und sich in das Fleisch bohren, haben Sie es mit jemandem zu tun, der zwar romantisch, aber lebensgefährlich ist.[23]

HAARE Obwohl der Romantische Vampir in vielerlei Hinsicht wirklich hinreißend aussieht, hat diese Spezies ein tragisches Manko – ihr Faible für fürchterliche Frisuren. Schon die frühesten Inkarnationen des Romantischen Vampirs trugen höchst fragwürdige Haartrachten. Zunächst begann alles mit einem allgemeinen Missbrauch von Haarpflegeprodukten.[24] Von den 1930ern bis in die 1950er Jahre gab es eine veritable Sippschaft von Schmalzköpfen, die sich hemmungslos Haargel in ihre zurückgekämmten Haare schmierten.

In den 1980er Jahren erlebte man bei den meisten liebeskranken Untoten eine Renaissance ausgeprägter Geheimratsecken. Und obwohl viele Vertre

---

23 Anne Rice traf es auf den Punkt, als sie in ihrer *Chronik der Vampire* schrieb, ihre Vampire hätten Nägel wie aus Glas.

24 Dank Schauspieler Bela Lugosi perfekt auf Zelluloid gebannt.

ter weiterhin den Pomadelook propagierten, entschieden sich andere Unsterbliche für den Missbrauch von Bleichmitteln. In den 1980ern erreichte zudem der allgemeine Verbrauch an Vampir-Conditioner besorgniserregende Höhen, aber Vampirhaare wurden auch weiterhin gebleicht und gefettet.[25]

Mit den 1990ern kam die Zeit der gegelten Stachelköpfe,[26] der wenig später die moderne Mischung aus Haargel und Duschverzicht folgte, der wir heute so häufig begegnen.[27] Hier handelt es sich um eine jener seltenen Darstellungen einer Spezies in den Medien, die sozusagen den Nagel auf den Sarg getroffen zu haben scheint.

Man könnte einwenden, dass eine unglückliche Frisurenwahl bei Vampiren artübergreifend ist, am weitesten scheint sie aber tatsächlich unter den Romantischen Vampiren verbreitet zu sein, und vielleicht fällt dieser Umstand deshalb besonders auf, weil sie ansonsten so perfekt gestylt sind. Selbst die armen Vampirseelen, die zu einem Leben mit dem Haarschnitt verdammt sind, den sie bei ihrer Schöpfung trugen, leisten ihren Beitrag zu dem schrecklichen Haarphänomen.

25 Siehe die komplette Besetzung von *The Lost Boys*.
26 Angels Feind/gelegentlicher Verbündeter Spike verspottet oft Angels Frisur und bezieht sich dabei auf das Schwuchtel-Haargel, das dieser verwendet. Nicht dass Spike mit seiner Billy-Idol-Frisur irgendein Recht auf Kritik hätte.
27 Siehe Edward Cullen.

Lebensraum
DER SARG UND ANDERE AUFENTHALTSORTE

WOHNSTÄTTE Romantische Vampire haben meist die »menschenfreund-lichsten« Domizile. Diese Spezies ist auf der Suche nach Liebe, und selbst wenn sie in einer Gruft oder einer heruntergekommenen Hütte lebt, wird sie sehr behaglich eingerichtet sein. Die meisten Romantischen Vampire be-vorzugen einen klassischen Stil und umgeben sich mit Antiquitäten aus ihrer Vergangenheit, um es sich gemütlich zu machen. Die beliebte Vorstel-lung von einer großkotzigen Junggesellenbude mit roten Wänden, samt-bezogenem Mobiliar und einem übertriebenen gotischen Stil ist eher Me-dienrummel als Realität. Aber was konkrete Orte angeht, die dem verliebten Vampir gefallen, so könnte er in diversen Wohnsituationen auftauchen und sogar Mitbewohner haben.[28]

Wer sich beim Betreten des Heims eines Romantischen Vampirs richtig benehmen will, hält nicht nach einem Sarg Ausschau. Besucher sollten nicht nach ihm fragen und schon gar nicht darum bitten, ihn ansehen zu dürfen. Beides würde als äußerst taktlos empfunden werden. Tatsächlich sind viele Vampire nicht mehr auf die »Schmusedecke« eines Sarges angewiesen. Wenn ein Vampir nicht von einem speziellen Ort oder einer Kiefernkiste abhängig ist, wird er sich in ein bequemes Bett zurückziehen. Dennoch ist das S-Wort ein heikles Thema für alle Vampire, vor allem für jene, die versu-chen, unter die Lebenden zu mischen. Da man sich nicht sicher sein kann, ob der fragliche Vampir immer noch in der traditionellen Holzkiste oder doch in einem Bett schläft, hält man diesbezüglich am besten den Mund.

---

28 Die BBC-Serie *Being Human* liegt nicht so falsch mit der Idee, dass sich ein Vampir, ein Gespenst und ein Werwolf in Bristol eine Wohnung teilen.

Sollte ein Vampir den traditionellen Sarg gegen Bettzeug eintauschen, können Sie davon ausgehen, dass das Bett gemütlich, aber dennoch einfach ausgestattet ist. Vampire werden oft in einen dunklen Schlaf gezogen, und da würde es, vorsichtig ausgedrückt, albern erscheinen, wenn jemand seinen Sarg mit Fernseher, Stereoanlage und Nachtlichtern ausstattet.

Sollten Sie zu den wenigen Lebenden gehören, die tatsächlich die persönliche und versteckte Sargruhestätte eines Romantischen Vampirs zu Gesicht bekommen, fühlen Sie sich geehrt. Offenbar stehen Sie einem Unsterblichen recht nahe, der Ihnen nicht nur vertraut, sondern Sie auch nicht umgebracht hat. (Zum Glück müssen Sie nicht darin schlafen, denn selbst Romantische Vampire sind nicht besonders scharf darauf, etwas so Intimes wie einen Sarg zu teilen.)

LIEBLINGSPLÄTZE Der ewige Liebhaber der untoten Welt ist verblüffend leicht zu finden, wenn man weiß, wo man ihn suchen muss. Verschwenden Sie nicht Ihre Zeit an einem vermeintlich naheliegenden Ort wie einer »Vampirbar«[29] – nichts turnt einen unsterblichen Romantiker schneller ab als Poservampire.

Besuchen Sie stattdessen kulturelle Veranstaltungen in den Randzonen der Gesellschaft: Rockkonzerte, versteckt gelegene Bars, gemütliche Cafés und andere kleine Lokalitäten. Klein, intim und innovativ. Da die meisten Romantischen Vampire über Jahrzehnte hinweg ein besonderes Gespür für Talent entwickeln konnten, wis-

---

29 Auch wenn Romantische Vampire vielleicht »echte« Vampirbars betreiben, halten sich die meisten dort nur auf, um Geld zu verdienen oder gelegentlich einen Snack einzunehmen. Siehe Fangtasia in *True Blood*.

sen sie, was demnächst in bildender Kunst, Literatur und Musik angesagt ist, und sie schwirren zu schönen Dingen wie Motten zum Licht. Zudem sind dies großartige Orte, um andere zu treffen, und was ist spannender, als zufällig einen hundertjährigen Experten für etwas zu treffen, für das man sich selbst interessiert?

Aus dem gleichen Grund sollten Sie einen Künstler, der irgendeines der erwähnten Körpermerkmale aufweist und launisch ist, nach seinem Alter fragen. Aufgrund der allgemein herrschenden Atmosphäre und des avangardistischen Lebensstils kann es sich durchaus um einen Vampir handeln.

Paranormale Fähigkeiten
EIN ECHTES PROBLEM

ERHÖHTE WAHRNEHMUNG Wie die meisten Geschöpfe der Nacht sind Romantische Vampire mit äußerst scharfen Sinnen gesegnet. Tatsächlich benutzen viele Vampire mit einem romantischen Lebensstil ihre Fähigkeiten aber auf innovativere, interessantere Weisen als andere Vampirspezies. Sie pirschen sich nicht mehr mit Hilfe ihrer außergewöhnlichen Sinne irgendwo mitten im Wald an ihre Beute heran – heute nutzen sie ihre Fähigkeiten, um sich in einem Stadtlokal an die perfekte Partnerin heranzumachen. Noch ehe Sie überhaupt etwas bestellen können, weiß der Romantische Vampir aufgrund Ihrer Körpertemperatur schon, ob Sie ein erfrischendes oder ein warmes Getränk brauchen. Er kann hören, was Sie Ihren Freunden zuflüstern, und sehen, wie das Blut in Ihre Wangen steigt, wenn sich Ihre Blicke treffen. Aufgrund seiner gesteigerten Sinneswahrnehmung kann der soziale Jäger jederzeit auf Ihre Launen eingehen. Was wiederum den Anschein erweckt, der Romantische Vampir wäre über alle Maßen perfekt und außergewöhnlich aufmerksam, und genau das sollen Sie auch von ihm denken.

WARNZEICHEN FÜR EINEN ANGRIFF

Falls Sie mit einem verliebten Vampir sprechen, achten Sie auf folgende Warnzeichen:

- Entblößen der Zähne (spitz oder stumpf), während er lächelt oder die Stirn kraust.
- Er bekommt einen Lachkrampf, verrät den Witz aber nicht.
- Ihr Top ist plötzlich weg.
- Sie fühlen sich benommen oder Ihnen ist schwindelig.
- Augenkontakt wird Halskontakt.
- Dem Vampir knurrt der Magen.
- Seine Hand zittert (was meist bedeutet, dass seine Beherrschung schwächelt).
- Er leckt sich die Lippen (mit oder ohne anschließende Kiefersperre).

Aber merken Sie sich: Fast alles ist nur eine Masche, um Sie dazu zu bewegen, seine neue Liebessklavin oder Freundin zu werden. Die Dinge, die Ihnen an Ihrer neuen Bekanntschaft vielleicht vorteilhaft erscheinen, werden Sie später rücklings erwischen. Stellen Sie sich vor, Sie haben einen Freund, der jeden Ihrer Wünsche spüren kann, selbst wenn Sie das nicht möchten – *nervig* ist kaum das richtige Wort, wenn Sie eine ausgewachsene Eifersuchtsattacke abwehren müssen, bloß weil Sie das Kompliment eines Fremden erröten lässt.

PHEROMONE Wie Menschen können auch Vampire einen Geruch verströmen, der andere anzieht und verführt. Sollten Sie eine Ladung Pheromone eines untoten Romantischen Vampirs abbekommen, bewahren Sie Ruhe. Treten Sie zurück, und atmen Sie mehrmals tief durch. Widerstehen Sie unter allen Umständen dem Wunsch, mit der bleichen Kreatur zu tanzen, die Sie da quer durch den Raum mit einem Schlafzimmerblick ansieht. Es ist der ultimative Akt verführerischer Intimität, mit einem Romantischen Vampir zu tanzen, auch wenn dieser dabei nie auf die Empfindungen seiner Wunschkandidatin Rücksicht zu nehmen scheint.

Der Stalker wird Vergnügen daran finden, Sie wie eine Schlenkerpuppe hochzuheben und herumzuwirbeln oder, schlimmer noch, mitten auf Ihrem Schulabschlussball ein ausgewachsenes Wetttanzen zu beginnen.

Sollten Sie wissen, dass ein Vampir hinter Ihnen her ist, meiden Sie am besten tatsächlich jeden Ort, an dem getanzt wird, sofern Sie nicht unfreiwillig das Bauernopfer in einem Synchrontanz-Wettbewerb werden wollen. Dergleichen Vorkommnisse sind vielfach dokumentiert, und von außen betrachtet sieht die Sache nie so gut aus, wie Sie glauben mögen.[30]

Mit guter Eigenwahrnehmung sagt *Buffys* Angel, dass er nicht tanzt, da neun von zehn Vampiren daran scheitern, und der Rest sieht am Ende aus wie die blutverschmierten Idioten, die zum Pump Panel Reconstruction Mix von »Confusion« abtanzen (besser bekannt als die Blutbad-Party aus *Blade*).

Andererseits sollte man einem Vampir niemals beim Tanzen zuschauen, da dabei eine tödliche Kombination aus freigesetzten vampirischen Pheromonen, Augenkontakt und subtiler Gedankenmanipulation im Spiel ist. Sollte ein Vampir vor Ihren Augen zu tanzen beginnen, schauen Sie weg, sonst werden Sie das hilflose Schoßhündchen eines Vampirs werden, der Aufmerksamkeit sucht oder vielleicht einen kleinen Imbiss. Böse wie gute weibliche Vampire sind gleichermaßen für den berauschenden Tanz der Verführung bekannt.[31]

---

30 Zu klassischen Beispielen für den vampirischen Pheromontanz gehört ein zur Stripshow mutierendes Schulwetttanzen an Halloween zu »Hands off« in *Einmal beißen bitte*, der Verführungstanz in *Die rabenschwarze Nacht – Fright Night* zu »Good Man in a Bad Time«, ein sündhafter Ballsaaltanz von Dracula und der unscheinbaren Kate Beckinsale in *Van Helsing* und ein Disco-Twostep zu »I love the Nightlife« in *Liebe auf den ersten Biss* (wiewohl das Lied seltsamerweise auf VHS-Video und DVD verschwand und durch eine unbekannte Discomelodie ersetzt wurde – was den Moment regelrecht pfählte).

31 Die Vampirkönigin Santanico Pandemonium (dargestellt von Selma Hayek in *From Dusk Till Dawn*) setzt ihre geschmeidigen Bewegungen wirkungsvoll ein, um Gäste in den örtlichen Truckertreff zu locken. Aber sie isst alle auf, was letztlich dazu führte, dass sie hier nicht den Romantischen, sondern den Bösen Vampiren zugeordnet wurde.

GEDANKENMANIPULATION Die Fähigkeit, die Gedanken Sterblicher zu manipulieren oder zu lesen, ist von Vampir zu Vampir unterschiedlich stark entwickelt. Aber vor allem bei verliebten Vampiren werden Sie keine Gedankenmanipulation wie in Hammer-Filmen erleben. Tatsächlich finden es die meisten Romantischen Vampire schrecklich, bei jemandem eine geistige Erfrierung herbeizuführen, da dies kein Kick für sie ist. Die Manipulationskräfte eines *Hemophago romanticus* werden aber dann ein Thema, wenn er einem Menschen mit telepathischen Fähigkeiten begegnet.

Romantische Vampire finden es ziemlich attraktiv, wenn jemand Gedanken lesen oder andere daran hindern kann, seine Gedanken zu lesen. Vampire auf Partnersuche empfinden den einfach gestrickten menschlichen Geist oft als ermüdend, und die Suche nach etwas Neuem kann Jahrhunderte dauern. Wenn ein Vertreter der Untoten dann jemanden trifft, der über die Kraft verfügt, Gedanken zu lesen oder zu blockieren, kann er sich augenblicklich angezogen fühlen.[32]

Wie es scheint, legt der Romantische Vampir keinen großen Wert darauf, den Geist eines Menschen zu beherrschen. Vielmehr fühlt er sich eher zu jenen besonderen Geistern hingezogen, die sein Leben kritisch hinterfragen oder seine Erfahrungen mit der Menschenwelt verändern können. Zudem braucht sich ein charmanter Vampir auf der Suche nach Liebe kaum der Gedankenmanipulation zu bedienen, wo doch so viele andere Vorzüge für ihn sprechen.

32 Sowohl Sookie Stackhouse als auch Bella Swan sind perfekte Beispiele für Menschen mit besonderen telepathischen Fähigkeiten, die auf Romantische Vampire Eindruck machen. Sookie kann die Gedanken von Bill Compton oder Eric Northman nicht lesen und findet daher den Umgang mit ihnen angenehm und unkompliziert (eine neue menschliche Reaktion für die alten Kerle!). Edward Cullen kann Bellas Gedanken nicht lesen, ist aber sofort fasziniert von ihr, vielleicht gerade deswegen.

Sollten Sie sich, aus welchem Grund auch immer, mit einem Romantischen Vampir geistig verbunden fühlen, können Sie davon ausgehen, dass es eine sehr eindringliche Erfahrung werden wird. Dieser Typ Vampir ist sehr stolz auf seine alternative Lebensweise und vollkommene Zurückhaltung, während er so engen Umgang mit Menschen hat. Wenn Sie für ihn eine Herausforderung darstellen, insbesondere durch einen ebenbürtigen Geist, wird er aber keine Ruhe geben, bis er sein Ziel erreicht hat. Außergewöhnliche Eigenschaften wie telepathische Fähigkeiten werden eine Menge neugieriger Vampire auf der Suche nach einem neuen Kick anlocken.

GESTALTWANDLER Einige Unterarten des Romantischen Vampirs besitzen die Fähigkeit, ihre Gestalt zu wandeln. Wann immer Sie ein junges Mädchen in einer Nebelwolke tanzen sehen, handelt es sich bei dem Nebel wahrscheinlich um einen Romantischen Vampir in gasförmigem Zustand. In sieben von zehn Berichten über einen Wolf, der »auf rätselhafte Weise aus einem Zoo entkommen ist«, ist tatsächlich von einem leichtsinnigen Romantischen Vampir die Rede, der sich noch in Tiergestalt, durch die Stadt trottend, sehen lässt.

Der Romantische Vampir verwandelt sich nur, wenn er verführen will. Sollte also eine Ratte mit Fangzähnen und Flügeln Ihre Haare attackieren oder ein Haufen Insekten über den Fußboden krabbeln, dann haben Sie es nicht mit einem Romantischen Vampir zu tun.

Verhalten des Romantischen Vampirs
SEIN HERZ PFÄHLEN ODER BRECHEN?

Trotz seiner übertriebenen Leidenschaft liebt der Romantische Vampir mit Haut und Haaren. Und sofern er nicht zwanghafte Züge entwickelt, besteht die Chance auf eine treue und lange Beziehung, vorausgesetzt, er tickt nicht irgendwann aus und verspeist Sie zum Mittagessen. Aber wenn das passieren sollte, wird er sich am nächsten Tag grässlich fühlen.

Was tun, wenn Sie angebaggert werden?

Sollten Sie von einem Romantischen Vampir als Gefährtin auserkoren worden sein, wird ihn nur noch der Gedanke treiben, wie er Sie sofort haben kann.

Was *haben* bedeutet, wird sich dann noch zeigen. Sie könnten von einem Vampir in einer Dreiecksbeziehung verführt werden, der Ihre sexuelle Energie zum Überleben benötigt.[33] Oder Sie könnten von einem Vampir umworben werden, der sich Ihnen seelenverwandt glaubt und den Rest der Ewigkeit mit Ihnen verbringen will.[34] In beiden Fällen kommt niemand aus dieser Konversation heraus, ohne in einen großen Haufen vampirischer Intensität zu treten.

Wurden Sie von einem Romantischen Vampir auserwählt, der auf sexuelle oder geistige Beute aus ist, wiegeln Sie seine Avancen am besten durch Heucheln oder Gleichgültigkeit ab. Das höfliche Ignorieren seiner Annäherungsversuche ist die beste Methode, sich einem Vampir zu entziehen, der zu einer langatmigen und leidenschaftlichen Enthüllungsstory über seine Gefühle anhebt.

Achtung: Behaupten Sie bloß nicht, Sie wären mit einem anderen Vampir liiert, denn das macht die Sache nur noch schlimmer. Eifersucht zu wecken

---

33 Siehe Jean Claude in der Anita-Blake-Serie.
34 Wie die Mitglieder der Black Dagger von J. R. Ward oder Christine Feehans Karpatianer.

VAMPIRE UND HOMOSEXUALITÄT

Vampire sind seit jeher eine fortschrittliche und tolerante Gattung, und Homosexualität ist in ihren Kreisen schon seit Jahrhunderten akzeptiert. Der Vampir, der dem Rest der homosexuellen Vampirwelt die Grufttüren öffnete, ist die legendäre Carmilla aus der gleichnamigen Erzählung von Sheridan Le Fanu (inspiriert von Samuel Taylor Coleridges Gedicht »Christabel«). Die Erzählung wurde 1872 veröffentlicht, und damit gab es Carmilla tatsächlich schon lange, bevor Dracula berühmt wurde.

Die Geschichte machte die Welt mit einer überaus schönen und erotischen Vampirin bekannt, deren Opfer andere Frauen waren. Sie stand Pate für zahllose Werke über weibliche Vampire und hat die Messlatte für spätere führende Vampirdamen sehr hoch gelegt.

Neben einigen unbedeutenderen Figuren wie dem schrecklich affigen Herbert, der in einem Anfall homoerotischer Komik Alfred in Roman Polanskis *Tanz der Vampire* verführen will, ist Anne Rice am bekanntesten für ihre fragwürdig homoerotischen Vampirfiguren, unter ihnen Louis und Lestat. Aber Rice räumt dem Bluttrinken in ihren Vampirromanen eine zentralere Rolle ein als irgendwelchen sexuellen Handlungen.

Figuren wie diese haben der Vampirliebe jedweder Art den Weg bereitet und auch zahlreichen Vampir-Sexfilmen die Tür geöffnet wie *Begierde*, *Fluch der schwarzen Schwestern* und den frechen *Lesbian Vampire Killers*.

bedeutet, bei Romantischen Vampiren, Öl ins Feuer zu gießen. Spielen Sie nicht die Eifersuchtskarte aus, wenn Sie keinen Grund dazu haben. Und selbst wenn, lohnt es sich meist nicht.

Wo Ehrlichkeit nicht funktioniert, ist Bluffen oder Verärgerung die beste Methode, um unbeschadet davonzukommen. Drehen Sie den Spieß einfach um. Sprechen Sie über Ihre Gefühle, jammern Sie. Man kann diesem Vampir viel nachsagen, aber unhöflich ist er nicht, und es wird ihm unangenehm sein, Sie belästigt zu haben. Überdies werden Sie, wenn Sie weinerlich und egozentrisch erscheinen, von dem Vollkommenheitspodest, auf das er Sie stellen wollte, gestoßen. Romantische Vampire denken gern, dass sie sich nur von der allerersten Sahne angezogen fühlen und nicht von Feld-Wald-und-Wiesen-Menschen.

Sollte auch diese Taktik versagen, finden Sie heraus, ob Ihr Vampir Tageslicht verträgt (siehe Seite 39). Bleiben Sie auf der Sonnenseite, und treffen Sie sich niemals bei Nacht. Die meisten Romantischen Vampire könnten Sie durch Pfählen oder Enthaupten töten, aber dies liefe auf einen Nahkampf hinaus. Und Sie handeln in Ihrem besten Interesse, wenn Sie einem Vampir, den Sie für bissig halten, keine Sekunde zu nahe kommen.

Auf Kruzifixe, Weihwasser und Knoblauch sollte man nicht bauen, da sie ganz und gar unzuverlässig sind. Am besten vermeiden Sie eine schreckliche Szene und gehen nicht das Risiko ein, mit einer nutzlosen Verteidigungswaffe herumzufuchteln.

Bekannte Vertreter
HEMOPHAGO ROMANTICUS

Bekannte Beispiele für den Romantischen Vampir können in eine Vielzahl von Unterkategorien eingeteilt werden, darunter die folgenden:

BESESSEN UND ZWANGHAFT   Er kann wirklich goldig sein, doch wenn er jemandem begegnet, den er mag, ist es aus und vorbei. Dieser Vampir ist ein Gratwanderer zwischen Stalker, Monster und treu ergebenem Liebhaber. Lassen Sie sich nur auf ihn ein, wenn Sie bereit sind, Ihr eigenes Leben praktisch komplett aufzugeben. Doch was diesem Typen an Unabhängigkeit fehlt, macht er in gewissen Stunden wieder wett. Was Sie auch tun, wenn Sie den moralischen Keuschheitsgürtel einmal abgelegt haben, ist dieser Vampir eine untote Granate im Bett.

Bekannte Beispiele
Edward Cullen, *Twilight*
Bill Compton, *True Blood*
Stefan Salvatore, *Vampire Diaries*
Alex, *Die Ewigkeit der Trauer*

VERLIEBT IN DIE LIEBE Dieser Vampir ist eher in die Idee einer Beziehung verliebt und findet mehr Gefallen an dem Kontakt mit der neuen Geliebten als an der Person selbst. Hängen Sie Ihr Herz nicht an einen solchen Vampir. Er wird Sie in der Sekunde verlassen, in der er sich zu langweilen beginnt oder glaubt, dass Sie von ihm abhängig sind. Dieser Schürzenjäger ist zwar für ein bisschen Spaß gut, kümmert sich aber wenig um Moral, so dass Sie vielleicht am Ende eine Menge Zeit für eine seiner vielen launischen Ideen opfern. Merken Sie sich: Wenn Sie sich auf den Vorschlag einlassen, mit Ihrer neuen Vampireroberung nach Venedig zu reisen, dann sorgen Sie dafür, dass er Sie dort nicht am Ende der Nacht wegen einer anderen sitzen lässt.

Bekannte Beispiele
Armand, *Chronik der Vampire*
Marius, *Chronik der Vampire*
Jean-Claude, Anita-Blake-Serie
Eric Northman (sofern er sich erinnert), *True Blood*

HINGEBUNGSVOLL UND UNDISZIPLINIERT Diese aufgewühlte Vampir-seele hat meist eine stürmische Vergangenheit, was bedeutet, dass Sie gemeinsam eine Menge schwerwiegender Probleme aufarbeiten müssen. Keine Angst, dieser Typ Vampir kann im Liegen meist am besten denken. Diese Unterart des Romantischen Vampirs ist zwar treu, aber sorgenschwer. Sie werden Tage mit dem Versuch zubringen, seine harte Schale zu knacken, nachdem Sie all die entsetzlichen Sachen durchgekaut haben, die er in der Vergangenheit verbrochen hat. Seine Art der ungezähmten Liebe entspringt meist tiefer Leidenschaft und kann in ihm eine ganze Menge Bestie wecken, von der er glaubte, sie vor Jahren begraben zu haben.

Bekannte Beispiele

Spike, *Buffy – Im Bann der Dämonen*

Damon Salvatore, *Vampire Diaries*

Lestat, *Chronik der Vampire*

AUS DEN FALSCHEN GRÜNDEN AUF DER SUCHE NACH LIEBE Es ist nicht verkehrt, geliebt werden zu wollen, außer es geht um nichts anderes. Es gibt einen ganzen Zweig Romantischer Vampire, die mit einer Jammermiene herumlaufen und nach jemandem Ausschau halten, der die unendliche Leere in ihrem Leben füllt, die Mord, Traurigkeit und Selbsthass hinterlassen haben. Diese Vampire können zudem extrem klammern, für eine kleine Affäre sind sie jedoch gut. Mehr als einen Partner möchten sie einen sterblichen Seelenretter finden, der ihnen helfen kann, sich selbst zu vergeben.

Bekannte Beispiele

Louis de Pointe du Lac, *Chronik der Vampire*

Nick Knight, *Nick Knight – Der Vampircop*

Mitchell, *Being Human*

DAS EINZIG WAHRE   Von diesen Vampiren können Sie Liebe, Vertrauen und Verständnis erwarten. Sie mögen einen kleinen Knacks oder rauhe Kanten haben, doch ihr Herz sitzt stets am rechten Fleck, selbst wenn das bei ihren Fangzähnen vielleicht anders aussieht. Bedauerlicherweise kommt dieser Typ des Romantischen Vampirs am seltensten vor.

Bekannte Beispiele
Esme Cullen, *Twilight*
Carlisle Cullen, *Twilight*
Angel, *Buffy – Im Bann der Dämonen*
Mick St. John, *Moonlight*
Mae, *Near Dark – Die Nacht hat ihren Preis*

3
DER BÖSE VAMPIR

HEMOPHAGO MALUS

Ich sagte Ihnen doch,
ich ernähre mich unregelmäßig,
oft in großen Mengen.
Max Schreck, *Shadow of the Vampire*

Als das Hauptübel der übernatürlichen Welt stellen Böse Vampire eine ernste Bedrohung dar, die nicht unterschätzt werden darf. Ob spärlich bekleidet oder in voller Montur, dieser Spezies steht nur nach einem, und wirklich nur nach einem der Sinn – nach Blut, und vor allem nach Ihrem Blut.

Während viele andere Vampire damit kämpfen, ihre Blutgier unter Kontrolle zu bringen, frönt diese Spezies ihrer Fleischeslust, und dadurch wird sie zur gefährlichsten aller Vampirarten. Andererseits macht sie ihr entwicklungsgeschichtlich bedingtes Geschick bei der Jagd auch zu einer der interessanten Arten. Die Ausgrenzung dieser Vampire aus der Gesellschaft erlaubte es ihnen, in einzigartiger Weise zu einem besonderen Typus des Jägers zu reifen. Auf gewissen Gebieten, auf denen sich andere Spezies besonders hervortun, haben sich manche Böse Vampire gar nicht mehr weiterentwickelt (so wachsen etwa einigen von ihnen keine Haare mehr, da in ihrem Fall das Anpassen an die Gesellschaft aus Sicht der Evolution keine Priorität mehr hat).

Vor allem sollten Sie im Umgang mit einem Vertreter dieser Spezies daran denken, dass Sie für ihn nichts als eine Mahlzeit sind und sein übles Verhalten längs nicht mehr der Stereotype des Schnurrbart zwirbelnden Fieslings von anno dazumal entspricht. Bleiben Sie in Gegenwart dieses Vampirtypus wachsam, sonst könnten Sie sein unfreiwilliger Blutspender werden.

Äußere Erkennungsmerkmale
VAMPIROPTIK

KLEIDUNG Der verräterischste Hinweis auf den tödlichsten aller Vampire sind sicher seine grauenvollen, altmodischen und völlig übertriebenen Accessoires. Während Einzelgänger und Romantische Vampire für ihr modisches Gespür allseits gelobt werden, sind diese speziellen Halunken »Modeopfer« wie Vampirjäger Jack Crow[35] es ausdrücken würde. Okay, er war in seiner Kritik vielleicht etwas hart, aber Sie wissen schon, wie es gemeint ist.

Die Liste der Verbrechen gegen die Mode ist bei Bösen Vampiren lang. Bedauerlicherweise würden alle Versuche, einen Bösen Vampir stylen zu wollen, scheitern. Diese Kerle sind stolz, und sie werden nicht den leisesten Gedanken daran verschwenden, sich irgendwie anzupassen. Noch werden sie sich dazu herablassen, nach der Anerkennung eines Menschen oder selbst eines Romantischen Vampirs zu heischen. Stellen Sie sich diese Spezies als einen schlecht gekleideten Club voller aufgebrezelter Mitglieder vor, von denen einige auch Lederkleidung tragen. Sie können wirklich keinen optimalen Look erwarten von Leuten, zu deren Gesellschaft Gestalten wie Herbert von Krolock gehören, der lächerliche Dandy aus *Tanz der Vampire*, oder Figuren, die sich unbedingt acht verschiedene Halsketten umhängen müssen.[36]

Sollten Sie eine Gestalt ohne Hemd umherstapfen sehen, eine offene Le-

---

35 Siehe *John Carpenters Vampire*.
36 Zu den größten Sündern der Popkultur in Sachen Vampirschmucküberdosis gehören Drake in *Blade: Trinity*, Dwayne in *The Lost Boys*, Amelia in *Underworld*, Akasha in *Königin der Verdammten* und die Vampirbräute in *Van Helsing* (allen voran Verona).

Tafel 4
DER BÖSE VAMPIR

A.

B.

C.

D.

E.

derjacke über der nackten Brust, handelt es sich höchstwahrscheinlich um einen Bösen Vampir. Die Abneigung dieser Vampire gegen Unterhemden ist wirklich bemerkenswert. Und auch wenn die meisten Untoten und Menschen denken würden, dass eine Jacke mit langen, hinterherschleifenden Schößen vielleicht nicht die praktischste Sache ist, die es zu kaufen gibt, ist dies die bevorzugte Aufmachung eines Übervamps, zum Teufel mit der Zweckmäßigkeit. Das Gleiche gilt für unpassende Saisonkleidung. Da Vampire auf Temperaturwechsel nicht so empfindlich reagieren wie Menschen, können sie das ganze Jahr hindurch alles anziehen, was ihnen beliebt. Sie sehen eine junge Frau inmitten einer sommerlichen Hitzewelle tagelang in dem gleichen dicken Pelzmantel umherstolzieren, aber sie schwitzt praktisch nicht? Achtung, Vampir.

In gewisser Weise liegt ein Teil der Verantwortung für diese tragische Vampirmode bei der Hypemaschine der Medien. Von dem Moment an, als Max Schrecks Graf Orlock auf der Bühne in den vornehmen, aber schlecht gestylten Grafen Dracula verwandelt wurde, haben berühmte Schauspieler wie Bela Lugosi, Christopher Lee und Frank Langella das langweilige Modevermächtnis mit rotgefütterten Capes, aufgestellten Kragen und weit geöffneten Hemden (danke, Frank) und Medaillons[37] fortgeführt. Was der Sippschaft den Weg für traurige Vampirmoden ebnete.[38] Diese Darstellungen

---

37 Hamilton Deane, der in dem Stück *Dracula*, eine Adaption von Bram Stokers Werk, Regie führte, kann es sich tatsächlich als sein Verdienst anrechnen, schon in den 1920-ern den übertriebenen Capelook der Vampire aus der Taufe gehoben zu haben. Deane war der erste, der den Grafen in den berüchtigten Umhang steckte, und einer seiner Stars auf der Bühne war kein Geringerer als Bela Lugosi.
38 In *The Night Flier* schwirrt Dwight Renfield tatsächlich in einem kompletten Draculakostüm (mit Cape und allem Drum und Dran) durch die Gegend, während er arglose Pendler ermordet. Obwohl sein verzerrtes, katzenartiges Gesicht beängstigend ist, sind die Kleider wahrhaftig der gruseligste Aspekt seiner Aufmachung.

DIE ERSTEN SÜNDER

Bevor Vampire unsere Bücher, Bildschirme und Kinoleinwände zu erobern begannen, wurden Vampirmythen mündlich überliefert. Viele Gegenden der Welt hatten ihre eigenen Vampirgeschichten und grausame Methoden, sich der Bestien zu entledigen, und man fand kaum ein freundliches Wort für einen dieser Blutsauger. Die meisten von ihnen galten als wiederbelebte Tote, vor denen man so große Angst hatte, dass im achtzehnten Jahrhundert in Osteuropa die Zahl der Exhumierungen, Enthauptungen und Verbrennungen geradezu inflationär war.

Eine der ältesten und bekanntesten Geschichten über die Angriffe eines Bösen Vampirs soll sich 1725 in dem serbischen Dorf Kisolova zugetragen haben. Nachdem dort der Bauer Peter Plogojowitz gestorben und beerdigt worden war, kehrte er angeblich drei Tage nach seinem Begräbnis hungrig und auf der Suche nach seinem Sohn nach Hause zurück. Zwei Tage später erschien er wieder, und am nächsten Tag fand man seinen Sohn tot auf. Plötzlich wurden andere Bewohner von Kisolova angegriffen und aufgrund von Blutverlust krank. Alle behaupteten, Plogojowitz habe sie in den Hals gebissen. Schließlich waren die Dorfbewohner es leid und exhumierten den Bauern. Sie fanden ihn unverwest und leicht atmend mit offenen Augen und frischem Blut am Mund. Daraufhin trieben sie ihm einen Pflock durchs Herz und verbrannten den Leichnam. Geschichten wie diese gibt es überall auf der Welt. Jemand stirbt und kehrt zurück, andere Menschen sterben, also höchste Zeit, die Leiche zu exhumieren und zu vernichten. Diese Gerüchteküche um Vampire schürte die Vampirhysterie, die uns bis zum heutigen Tag begleitet.

der Popkultur von Vampiren mit einem Hang zum Bösen verdeutlicht die Tatsache, dass sich Böse Vampire anscheinend immer noch im Dunkeln anziehen.

Nehmen Sie sich also in Gegenwart dieser grinsenden hemdlosen Schleicher, die wie ausgemusterte Doubles für ein Musikvideo von My Chemical Romance aussehen, in Acht.

DER LAKAI: DAS BESTE STÜCK DES BÖSEN VAMPIRS Eine großartige Möglichkeit zur Identifizierung des Big Bads bietet seine Begleitung. Obwohl sich viele der bösen Untoten einem Leben in Einsamkeit verschrieben haben, ziehen es einige vor, die Dienste eines Handlangers in Anspruch zu nehmen. Die hinkenden, missgestalteten Diener von gestern finden auch heute noch ausreichend Beschäftigung und kümmern sich um ihre bösen Meister. Doch zugegebenermaßen haben viele Böse Vampire diesbezüglich aufgerüstet und sich einen Helfer zugelegt, der nicht durch sein Aussehen gehandicapt ist. Es ist nämlich einfacher, sich unbemerkt unter Menschen zu bewegen, wenn ihr Begleiter durch seine Gesamterscheinung nicht die Passanten auf den Bürgersteigen kreischend auseinanderstieben lässt. Wer legt außerdem schon Wert auf einen Angeber.[39]

Der Lakai ist sogar nützlicher als ein Harem voller Vampirbräute. Ein Diener kann Daydriver werden, die Fenster im Herrenhaus dichtmachen und sogar das Abendbrot erbeuten. Tatsächlich haben sich Lakaien im Laufe der Zeit organisiert wie etwa die Familiars in der *Blade*-Serie (jedes menschliche Mitglied ist mit der Glyphe des Hauses tätowiert, dem es dient). Diese Sippe besteht aber nicht nur aus hungrigen Gefolgsleuten, die unbedingt die Anord-

---

39 Siehe Typ Igor; Brudah, *Junges Blut für Dracula*; und Koukul, *Tanz der Vampire.*

nungen eines Vampirs ausführen wollen, zu ihnen gehören auch Polizeibeamte, Rechtsanwälte, Psychologen und andere – veritable Gelbe Seiten für kostenlose Dienstleistungen. Und alles, was sie dafür wollen, ist das bloße Versprechen auf Unsterblichkeit, auch wenn sie tatsächlich leer ausgehen.

Aber lassen Sie sich warnen, falls Sie mit dem Gedanken spielen, ein Schoßhündchen der Bösen zu werden: Die Sache geht selten gut aus. Vergessen Sie nie, dass Sie in deren Augen trotz allem nur ein faulendes Stück Fleisch sind, ebenso entbehrlich wie ein altes Steak im Kühlschrank. Rechtfertigen Sie Ihre untote Loyalität, so viel Sie wollen (»Ich bin lieber ein Haustier als ein Stück Vieh«), Sie werden höchstwahrscheinlich verraten, zurückgelassen, von den Behörden (oder schlimmer noch von den Feinden Ihres Meisters) entdeckt oder als Snack verspeist werden, egal, wie sicher Ihnen die Zusage auf Ruhm, Reichtum, Sex oder das übliche Versprechen auf ewiges Leben damals auch schienen. Etwa neunzig Prozent aller Handlanger enden als Speisereste zwischen den Zähnen ihres einstigen Bosses. Versprechen bedeuten Bösen Vampiren nichts. Denken Sie daran, dass es der eiskalte Boss Marlow ist, der sagt »die Dinge, die sie glauben[40]«, wenige Momente, bevor er seine Zähne in den Hals seines Lakaien schlägt.

Äußere Erkennungsmerkmale
EIN BUNTES SORTIMENT DES SCHRECKENS

HAUT Ähnlich wie bei den anderen Vampirarten haben die meisten Körpermerkmale eines Bösen Vampirs ausschließlich den Zweck, ihm für die Nahrungsaufnahme dienlich zu sein. Genau wie die übrige Vampirgemeinde

---

40 *30 Days of Night*

WORAN MAN EINEN HANDLANGER ERKENNT

- Verbringt den Tag mit niederen Tätigkeiten für einen Boss, den er mehr als den Tod fürchtet
- Ist ein Jasager
- Die Ziele seines Arbeitgebers sind auch seine eigenen Ziele (ein offensichtlicher Mangel an persönlichem Antrieb oder Motivation)
- Baggert ständig für »einen Freund« attraktive Menschen an
- Nennt besagten Freund mitunter »Meister«
- Meidet Augenkontakt
- Hat seltsame Ernährungsgewohnheiten (Käfer, Vögel, Würmer usw.)
- Ist in Bezug auf seinen Arbeitgeber extrem schweigsam; verrät keine Namen, Daten oder Adressen
- Verfällt in eine schwere Depression, wenn er irgendwo versagt
- Hat von Zeit zu Zeit mysteriöse Blutergüsse und Verletzungen. Über ihre Entstehung befragt, sagt er, er habe sie »verdient«.
- Hat einen abstoßenden Namen oder Spitznamen
- Erhält Befehle von einer Stimme in seinem Kopf
- Erzählt mit großer Begeisterung und offensichtlichen Übertreibungen Geschichten von seinem »Boss« nach
- Legt ein beeindruckendes Tempo vor und ist im Anschleichen noch besser
- Wird oft dabei beobachtet, wie er große schwere schwarze Säcke zum Fluss, zum See oder zur Müllkippe schleppt
- Vermittelt den Eindruck, dass sein Boss schrecklich schwierig, nervtötend und unangenehm ist, scheint das aber völlig in Ordnung zu finden
- Sein Boss ist eine auffallend mächtige und extrem unangenehme Person (gilt nur für einen Handlanger, dessen Boss bereits eine Person des öffentlichen Lebens ist)
- Macht ein großes Geheimnis aus seinem Kofferraum
- Vor allem aber demonstriert er unerschütterliche Loyalität

besitzen auch viele Vertreter der Spezies *Hemophago malus* eine verführerisch zarte Haut.

Auch wenn wir uns vielleicht ein wenig über den Dresscode von Big Bad lustig gemacht haben, heißt dies nicht, dass es nicht ein Vergnügen ist, seine entblößte Haut unter einem knappen Outfit tanzen zu sehen.

Zugegeben, in der Gesellschaft fällt er mit seiner Kleidung auf wie ein bunter Hund, aber das macht seinen Körper nicht weniger … unwiderstehlich. Die herrliche Haut beschwört bei einem Sterblichen alle möglichen einladenden Ideen herauf. Niemand hat etwas dagegen, einen Blick auf die alabasterfarbene Haut einer lesbischen Vampirkönigin zu werfen, die zum allgemeinen Entzücken in einem Negligé herumtanzt. Erst wenn die halbnackte Dame so aufgetakelt zum Markt geht, provoziert sie einen Aufstand und riskiert die unerwünschte Aufmerksamkeit von Jägern oder anderen, die ihre Lebensweise vielleicht mächtig durcheinanderbringen könnten. Doch obwohl das allzu scharfe Styling, das man bei vielen Vampiren sieht, seine Nachteile hat, würde niemand jenen, die wie Ingrid Pitt in *Comtesse des Grauens* gekleidet sind, unbedingt sagen, sie sollten sich einen Pullover anziehen. Und sie haben gewiss nicht vor, ihren größten Vorteil bei der Jagd zu verstecken.

Doch ungeachtet ihrer ewigen Schönheit können Böse Vampire auch richtig abstoßend sein. Wir kennen zahllose Darstellungen von Vampiren mit grotesk heller Haut, zerknitterten Gesichtern und schwarzen Augenringen.[41] Weshalb ist ihre Haut so hell? Viele glauben, dass eine Überempfindlichkeit gegen UV-Strahlen, die diese Vampire lichtscheu macht, dazu geführt hat, dass sie nur wenige oder keine Hautpigmente besitzen. Aber zwei-

---

41 Graf Orlock, *Nosferatu*; der käsige Radu, *Subspecies*; John Stone in *A Taste of Blood*, der sich in einen bleichen Vampir mit sich schälender Haut verwandelt.

fellos hält sie ihr Hautleiden nicht davon ab, Beute nachzustellen. Wiederum hat es auch dieser Vampirtyp nicht nötig, sich optisch anzugleichen. Einige nutzen ihr Aussehen sogar zu ihrem Vorteil. Plötzlich mit einem Mund voller Fangzähne und einem Gesicht wie ein Wolf aufzukreuzen kann helfen, ein Opfer in eine Schockstarre zu versetzen wie ein Reh im Scheinwerferlicht. Bestimmte Mitglieder der *Malus*-Gesellschaft haben sich über diese beiden Hautvarianten hinausentwickelt und gelernt, ihr Äußeres zu verändern. Diese Geschöpfe schlüpfen oft aus der menschlichen Gestalt heraus und in die eines natürlichen Räubers, der einer Schlange oder Fledermaus ähnelt, hinein. Nicht selten bekommt die Vampirhaut ein schuppiges Aussehen wie die einer Schlange oder Echse – oder der Vampir nimmt einfach komplett die Gestalt eines Räubers an (am häufigsten die einer riesigen Fledermaus). Aber nicht alle Bösewichte sind hin- und hergerissen, ob sie furchteinflößend oder verführerisch aussehen sollen. Die wirklich cleveren Bestien können einfach die Gestalt wechseln – sofern sie nicht Wut oder Trauer empfinden. Das bemerkenswerteste Beispiel ist vermutlich Gary Oldmans Darstellung in *Bram Stocker's Dracula*. Er verwandelt sich in null komma nichts vom Kerl mit gepudertem Haar, runzeliger Haut und Klauen in einen heißen Typen mit langen Haaren und Zylinder. Zu seinem Pech überwältigen ihn dann seine Emotionen, und da verwandelt sich sein Gesicht wieder in das eines seltsam käsigen Katzenviechs, überzogen von bitteren schwarzen Tränen. Diese Wesen erliegen wirklich oft ihren Gefühlen.[42]

42 Die Popkultur liefert eine recht präzise Darstellung der vielen Tiergestalten, in die sich diese Geschöpfe verwandeln können. Der Film *Van Helsing* erlaubt es Dracula und seinen Bräuten, sich, wenn sie gereizt wurden und kampfbereit sind, in riesige Fledermäuse zu verwandeln. Damon in den *Vampire Diaries* kann sich in eine Krähe verwandeln, die Stripperin Santanico Pandemonium in *From Dusk Till Dawn* in eine Schlange, und wir haben auch schon Wölfe und andere furchterregende Tiere gesehen.

GLIEDMASSEN Eine einfache Methode zur Identifizierung von Vampiren, die nichts Gutes im Schilde führen, ist das Orten und Analysieren ihrer Gliedmaßen. Typisch für viele Vertreter des *Hemophago malus* sind deformierte klauenartige Hände, die sich zu Jagdgeräten entwickelt haben und perfekt zum Reißen von Fleisch geeignet sind. So zerfetzt Jerry Dandrige in *Die rabenschwarze Nacht – Fright Night* mit einer einzigen Bewegung seiner langen Klauen in Sekunden den Hals eines Türstehers. Die Klauen können zum Angriff, zur Verteidigung und zum Essen benutzt werden. Da die Nägel einer Vampirklaue rasiermesserscharf sind, sollten Sie daran denken, sich nicht zu bewegen und Vorsicht walten zu lassen, falls Sie feststellen, dass eine Vampirhand Ihr Bein emporkrabbelt. Eine plötzliche Bewegung, ein Ruck oder ein Zucken, und schon fehlt vielleicht ein Körperteil.

Was das Aussehen angeht, so stellen Sie sich eine zuckende Leichenhand vor, deren Nägel hinreichend Zeit zum Wachsen hatten. Die Haut wird rissig und gelb oder grün verfärbt sein und aussehen, als wäre sie über pulsierende Adern und seltsam große Knöchel gespannt und über den Knochen verdreht worden. Die Finger werden erheblich länger als normale Finger sein. Tatsächlich scheint es kein Limit für die Länge eines Vampirfingers zu geben. Die Fingernägel werden extrem lang, rissig und nicht sonderlich sauber sein.

Und denken Sie last but not least auch daran, dass einige Unterarten des Bösen Vampirs nicht neben Ihnen sitzen müssen, um Ihr geschätztes Fleisch zu begrapschen. Nosferatuhände sind für ihre scheinbar unmögliche Fähigkeit bekannt, Objekte am anderen Ende des Raums zu erreichen. Selbst der Schatten dieser Körperglieder kann Sie aus Ihrem Schlummer wecken, indem er als feuchtkalter Schauer Ihren Körper durchfährt.

AUGEN Seine Augen benutzt *Hemophago malus* selten so wie andere Vampire. Tatsächlich ändert sich die Augenfarbe Böser Vampire meist bei der

Verwandlung oder eine Veränderung tritt nur dann ein, wenn ihr Adrenalinspiegel ansteigt. Die beliebtesten Veränderungen der Augenfarbe sind das Blackout (die Augen werden vollkommen schwarz), das Gelbfieber (die Iris nimmt während eines Adrenalinstoßes eine Gelbfärbung an) oder das verbreitete Blutauge, das entweder ein Ansteigen des Adrenalinspiegels oder beträchtlichen Blutdurst verrät. Als Faustregel gilt bei Bösen Vampiren, dass jegliches Aufflammen der Augen als Warnzeichen betrachtet werden sollte. Verlassen Sie schon bei der geringsten Verfärbung der Augen umgehend den Vampir, und suchen Sie einen sicheren Platz auf.

FANGZÄHNE Unter allen fängetragenden Wesen können Böse Vampire mit der vielfältigsten Auswahl an Gebissen aufwarten. Bandbreite und Mutationen dieser Vampirzähne sind für jeden Fangophilen eine wahre Freude.

Die Evolutionsgeschichte des Gebisses Böser Vampire ist faszinierend. Bei Max Schrecks Nosferatu und Kurt Barlow aus der Miniserie *Salem's Lot* sitzen die Reißzähne vorn im Mund, was jede Konversation unmöglich macht. Heute sind die meisten Vampirzähne an die Seiten der Kiefer gerückt, was verbale Kommunikation und Vorstöße in die Welt der Sterblichen erleichtert. Dennoch: Wenn der Vampir kein Bedürfnis nach oberflächlichen Dingen wie Freundschaften verspürt, kann es durchaus sein, dass er immer noch mit Vorn-im-Mund-FangzahnLook herumrennt.

Wir sprachen bereits darüber, wie peinlich es ist, wenn sich der sogenannte Klappzahn hin und wieder selbständig macht. Bei Bösen Vampiren kommt es selten zu solchen Vorfällen, und sollte es doch passieren, bringt sie das kaum in Verlegenheit. Seine Beißerchen sind der Stolz eines Bösen Vampirs (egal wie abgewetzt sie auch sein mögen). Wenn er durch den Anblick von Fleisch angeturnt wird und seinen Abend damit verbringen möchte, an Ihrem Hals zu saugen oder Sie zu seiner Marionette zu machen, na bitte. Sollten die Zähne herauskommen, kommen sie eben heraus. Der

Hemophago malus entblößt seine Fangzähne, wann immer er es für angebracht hält. Diesen speziellen Vampiren ist die Blutgier weitaus wichtiger, als Sie zu entkleiden, obwohl dies nicht bedeutet, dass sie nicht hin und wieder Vergnügen an den Freuden menschlichen Fleisches finden. Aber gewöhnlich kommt für sie zuerst das Essen und dann das Vergnügen (selbst wenn sie mit beidem gleichzeitig beschäftigt sind).

Eine interessante Variante der Popkultur ist die Entwicklung des Fangzahns, wie sie von Regisseur und Autor Guillermo del Toro bekannt gemacht wurde. Seine Beschäftigung mit der vampirischen Evolution hat der Welt die Augen für zukünftige Mutationen der Vampirgattung geöffnet. Sein Frühwerk *Blade II* zeigt, dass Vampire möglicherweise noch gefährlichere Jäger werden, mit einem Kinn, das wie eine Venusfliegenfalle aufklappen kann. Man sollte seine Bemühungen wirklich loben, da sie die Gesellschaft daran erinnern, dass sich dieses Geschöpf weiterhin verändern und anpassen und mit jedem Jahrhundert bösartiger und begabter werden wird. Auch bei seiner Arbeit an dem Buch *Die Saat* beschäftigte sich del Toro mit diesen mutierten virusinfizierten Vampiren. Dieser erste Roman einer Reihe erhöht wahrhaftig den Blut- und Schockwert und stellt Vampire vor, die ihren Opfern mit Hilfe eines Stachels lähmendes Gift injizieren, während sie gleichzeitig ihr Blut saugen und selber den Darm entleeren, und das sind längst nicht die verstörendsten Momente.[43]

---

43 Zugegeben, wir sollten GDT nicht allein den Verdienst zuschreiben, dass er uns im Hinblick auf eventuell erschreckende Vampirmutationen auf dem Laufenden hält. David Cronenbergs Film *Rabid – Der brüllende Tod* aus dem Jahr 1977 bescherte uns einen Pornostar mit einer Art Stachel in der Achselhöhle und einem unersättlichen Appetit auf Blut. Dies ist ein weiteres wunderbares Beispiel aus den Medien, um uns alle daran zu erinnern, dass nicht alle Vampire Fangzähne haben.

Lebensraum
WO NIEMAND IM DRECK WÜHLT

Die Bandbreite an Persönlichkeiten innerhalb dieser Spezies verweist auf eine große Vielfalt an Lebensräumen: von hochgesicherten und extrem teuren Appartements, Eigentumswohnungen oder Villen bis hin zu heruntergekommenen Häusern irgendwo im Nirgendwo. Viele Böse Vampire schlafen sogar in der Erde, wenn mal der Haussegen schief hängt.

Grundsätzlich haben für das Heim von *Hemophago malus* jedoch Sicherheit und Ungestörtheit höchste Priorität. Das ständige Bedürfnis dieses speziellen Vampirs, sich von den Lebenden zu ernähren, wird in seiner Nachbarschaft zwangsläufig gewisse Gerüchte aufkommen lassen. Deshalb möchte er die Gewissheit haben, dass sein Heim sicher ist, wenn er sich dorthin zurückzieht. Selbst ein verlassenes Gebäude in der Wüste bietet Sicherheit, solange niemand von seiner Existenz weiß.

Paranormale Fähigkeiten
EIN ERSCHRECKEND TALENTIERTER HAUFEN

GEDANKENKONTROLLE   Vampire, die nichts Gutes im Schilde führen, sind in der Kunst der Gedankenkontrolle meist extrem geschickt. Das vielleicht kultigste Beispiel für die Begabung des Bösen Vampirs, ein Opfer zu bezaubern, ist Graf Dracula, wie die Darstellungen von Christopher Lee, Bela Lugosi, Frank Langella und Gary Oldman (und vielen anderen mehr) beweisen. Ein bloßer Blick von ihm, und Sie werden Ihre Halsschlagader in seine Richtung neigen. Der Graf bräuchte kaum ein Wort verlieren. Seine machtvolle Umklammerung Ihres kleinen Menschenhirns hätte Sie im Handumdrehen in seinen Bann geschlagen und Sie Ihre Bluse öffnen lassen. Wenn sogar Superman von einer draculaähnlichen Bestie gelähmt werden kann, welche Chance haben wir Menschen dann?[44] Ebenfalls im Rennen um den besten Gedankenverführer ist der langhaarige Dachvampir in *Wes Craven präsentiert Dracula*. Er brauchte nur an einer Meute Frauen vorbeizuschlendern, und schon rieben sich alle erwartungsvoll ihre Kehlen.

Dies ist die Art Hörigkeit, die Sie entweder zu einem langweiligen, ja sagenden Handlanger des Chefs (siehe Abschnitt über Lakaien weiter vorn in diesem Kapitel) oder zu einem stillen, in Ehrfurcht erstarrten, hilflosen Opfer macht. Der Spielraum ist da gering. Die berüchtigte Gedankenkontrolle des Bösen Vampirs ist so stark, dass er seine Opfer entweder betäubt oder verrückt werden lässt. Auch wenn Sie Bilder von Opfern gesehen haben, die dem Big Bad mit einem verschlagenen Lächeln auf dem Gesicht willfährig sind, dann denken Sie daran, dass die Medien dazu neigen, selbst die fiesesten Vampire zu romantisieren. Es stimmt zwar, dass Christopher Lee oft die Gesichter seiner weiblichen Opfer hielt und liebkoste, doch vergessen Sie nie, dass die schönen Frauen einen Moment später als lebloser Haufen am Boden lagen. Diesem speziellen Vampir geht es nur ums Töten.

VAMPIRTRICKS Mitunter machen Böse Vampire Menschen einfach aus Spaß an der Freude fertig. Vampire, die Sterbliche hereinlegen, sind unter den Bösewichten weit verbreitet und lassen uns Pfeifen am Ende ziemlich lächerlich aussehen. So können sie Ihnen beispielsweise eine Mahlzeit, die völlig in Ordnung ist, madig machen, indem sie Ihnen vorgaukeln, Sie würden Würmer in sich hineinmampfen.[45] Und wenn ihnen bloße Streiche nicht ausreichen, dann »schubsen« sie Ihr Gehirn mit ihren manipulativen

---

44 Siehe *Der Zehnte Zirkel, Teil IV.*
45 Siehe *The Lost Boys.*

ORTE, DIE MAN MEIDEN SOLLTE

Halten Sie sich von Zirkussen und Volksfesten fern und nachts auch von Strandpromenaden, vor allem von solchen, die schon bessere Tage gesehen haben. Aus irgendeinem Grund scheinen diese Attraktionen Untote anzulocken wie eine offene Wunde die Haie im Meer. Wenn Sie nicht das spitze Ende eines Fangzahns in Ihrem Hals finden möchten, blicken Sie sich niemals spätnachts auf einer romantischen Strandpromenade um. *Buffy – Der Vampirkiller* (der Film), *The Lost Boys*, *Cold Hearts – Kalter Kuss* und *Der Mitternachtszirkus* beweisen, dass Sie mit hoher Wahrscheinlichkeit dem einen oder anderen hungrigen Vampir begegnen werden, wenn Sie sich an einen Ort begeben, an dem großer Trubel herrscht.

Meiden Sie zudem heruntergekommene Motels mitten im Nichts. In Umgebungen wie diesen gibt es vermutlich keinen Handyempfang und nur eine einzige Telefonleitung, die durchgeschnitten werden muss, wenige oder gar keine Straßenlaternen, kaum Fußgängerverkehr und keine Nachbarn in Schreiweite. Motels in ländlichen Gebieten sind quasi ein Frühstücksbüfett für Vampire. Sie können das gesamte Personal und die wenigen Gäste ermorden und wahrscheinlich anschließend ihren Blutrausch tagelang in einem freien Zimmer ausschlafen, ehe irgendwer Wind von der Sache bekommt. Lassen Sie sich Jack Crows einstige Vampirjägertruppe eine Warnung sein: Der Aufenthalt in irgendwelchen x-beliebigen Motels nimmt kein gutes Ende.

Eigentlich versteht es sich von selbst, dass Sie auch heruntergekommene Häuser meiden sollten. Wenn das Gerücht umgeht, dass es an einem Ort spukt, ist es vermutlich aus gutem Grund entstanden: um Sie von dort fern zu halten. Last but not least: Besuchen Sie niemals Privatpartys, zu denen Sie ein geheimnisvoller, sich die Lippen leckender Fremder eingeladen hat und wo Sie niemanden kennen. Haben Sie eine Einladung in einen Club erhalten, von dem Sie noch nie etwas gehört haben, mit der Ankündigung eines Superdinners, aber Sie sehen weder Kellner noch Küche? Verschwinden Sie, bevor Sie eingesperrt und aufgetischt werden. Checken Sie immer zuerst das Internet. Wenn es dort keine Informationen über die Gastgeber, den Ort, den Anlass für die Einladung und so weiter gibt, dann kann es gut sein, dass Sie gerade als Abendessen für eine Vampirgesellschaft eingeladen wurden. Fan-Websites für Großstadtlegenden wissen oft, was da wirklich abgeht, auch wenn es völlig abwegig erscheint.

Kräften kräftig an und bringen Sie dazu, eine fiese Sucht nach Insekten zu entwickeln. Fragen Sie nur mal den armen Renfield. Selbst in der Serie *Buffy – Im Bann der Dämonen* taucht immer wieder ein Vampir namens Mister Trick auf, der in einer Episode ein kleines Spiel mit dem Namen Slayerfest 98 organisiert – vielleicht eine Anspielung auf die endlosen Streiche, die Menschen in den Klauen von Vampiren ertragen müssen?

Die Tricks können aber auch ganz schnell ein übles Ende nehmen. Erinnern Sie sich an den urkomischen Streich mit dem Urinal, der dem dummen Reporter Richard Dees in *The Night Flier* gespielt wird? Okay, im Spiegel zu beobachten, wie sich ein Vampir blutig erleichtert, war eine schaurige und komische mentale Manipulation des Vampirs Dwight Renfield, doch Minuten später wird Dees dann zum Sündenbock für all die brutalen Morde, die ebendieser Vampir begangen hat.

Wenn Sie einen ausreichend starken Willen und Geist haben, können Sie Vampirtricks in Anita-Blake-Manier[46] abwehren, aber Vorsicht: Mitunter

46 Die Vampirjägerin ist bekannt dafür, dass man ihre Gedanken nur schwer manipulieren kann.

kann das Offenbaren eines verborgenen mentalen Talents noch mehr unerwünschte vampirische Aufmerksamkeit nach sich ziehen (siehe Kapitel 2, »Romantische Vampire«).[47]

Verhalten
ER FÜHRT NICHTS GUTES IM SCHILDE

DUMMES GESCHWÄTZ   Bedauerlicherweise leiden die Bösen Vampire unter der übelsten Form des Sprechdurchfalls, von der wir jemals gehört haben. Wenn Sie glauben, dieses Benehmen gebe es in der realen Welt nicht, dann liegen Sie leider falsch. Und es gibt viel zu viele Beispiele in der Popkultur, die zeigen, dass diese Vampire vor nichts zurückschrecken, um etwas zu sagen, das lohnt, die Augen zu verdrehen. Üble Wortspiele, freche Sprüche – nichts ist für einen Bösen Vampir, der auf einen Lacher aus ist, tabu. Unser persönlicher Kandidat für den schrecklichsten Vampirspruch aller Zeiten: »Du hast nicht gelebt, ehe dir nicht eine Vampirin einen geblasen hat.«[48]

47 Vampirtricks sollten nicht mit Vampirspäßen verwechselt werden wie die in einer Episode »Business School« aus der Serie *Das Büro*, bei der Joss Whedon Regie führte. Dort wird Dwight von Jim überzeugt, dass er sich gerade in einen Vampir verwandelt. Ein guter Vampirstreich, der einem Freund gespielt wird, ist immer lustig. Jemanden zum Verspeisen einer Taube zu überreden aber nicht. Sollten Sie allerdings versuchen, einem echten Vampir einen Streich zu spielen, dann sind Sie ganz allein.
48 Siehe *Vampires: Los Muertos*.

Was tun, wenn Sie angebaggert werden?

Sollten Sie die Aufmerksamkeit eines Bösen Vampirs auf sich ziehen, haben Sie wirklich Pech. Dieser Vampirtypus ist ein Fall für professionelle Jäger. Sollten Sie bedauerlicherweise auf die Gedankenmanipulation des Vampirs hereinfallen, dumm genug sein, unseren Rat nicht zu befolgen und am Ende mitten in der Nacht in einem verlassenen Freizeitpark herumzuwühlen, oder sich einfach zufällig zur falschen Zeit am falschen Ort aufhalten, bleiben Ihnen kaum Möglichkeiten, sich gegen den Big Bad zu verteidigen. Dies ist der einzige Fall, in dem ich vorschlagen würde, zu alten Abwehrmitteln zu greifen wie Kruzifix, Knoblauch oder Weihwasser. Viele Vampire, die heute herumlaufen, waren in der Lage, eine Immunität gegen sie zu entwickeln, aber vielleicht können Sie damit einen Vampir umnieten, der im Mittelalter stecken geblieben ist und nicht nachgerüstet hat.

Verhalten Sie sich bei einem solchen Vampirangriff wie bei einem Straßenüberfall. Schreien Sie um Hilfe, und suchen Sie nach einem sicheren Ort. Bewegen Sie sich auf gut beleuchtete, belebte Plätze zu. Sie haben größere Überlebenschancen, wenn Sie einen hungrigen Vampir davon überzeugen können, dass Sie es nicht wert sind, einen Aufstand zu provozieren.

Sollten Sie einem Kampf mit einem Bösen Vampir nicht ausweichen können,

WARNZEICHEN FÜR EINE FRISCHE VERWANDLUNG

- Katzen fauchen und Hunde bellen in Gegenwart des Betreffenden, und auch andere Tiere scheinen ihn nicht zu mögen.
- Er ist extrem aggressiv.
- Er zeigt eine bisher unbemerkte Abneigung gegen Menschen.
- Gesicht, Augen, Hände und Haut verändern sich, sobald sein Adrenalinspiegel ansteigt (wenn man ihn erschreckt, aufregt oder versucht mit ihm zu kämpfen).
- Gästen gegenüber ist er oft überhöflich. (»Machen Sie es sich bequem, legen Sie sich hin, ziehen Sie doch Ihr Hemd aus.«)

merken Sie sich: Hängen Sie Ihr Herz nicht an die Klamotten, die Sie anhaben, denn die werden unweigerlich ruiniert. Wenn diese Spezies ihren unheiligen Geist aufgibt, werden dabei unweigerlich Asche, Eiter, Glibber, Galle oder eine Blutfontäne in Ihre Richtung losgelassen.

Ein letzter Rat: Sollten Sie sich auf einer Rettungsmission befinden, um einen Freund aus den Fängen eines fiesen Vampirs zu befreien, dann ist die Wahrscheinlichkeit groß, dass er bereits verwandelt wurde, ohne dass Sie dies wissen. Er wartet nur darauf, dass Sie ihn zu retten versuchen, um Sie dann in letzter Minute zu beißen und Ihnen damit Ihr restliches Leben zu versauen. Rettungsaktionen sind Narrenträume. Vampire nehmen keine Gefangenen. Sie trinken und töten oder trinken und verwandeln. Denken Sie daran, wenn Sie nach einer langen Nacht des Kampfes gerade gehen möchten, und Ihr einstiger Freund beißt Sie in dem Moment in den Arm, in dem Sie glauben, dass die Luft rein ist.[49]

Bekannte Vertreter
HEMOPHAGO MALUS

BIG BAD   Dieser Erbsünder ist meist hunderte Jahre alt, wenn nicht älter. Er ist Menschen gegenüber wenig tolerant und braucht sie nicht, und so verhält er sich auch. Er ist kalt, grausam und unberechenbar. Mit ihm ist nicht zu spaßen, und am besten übergibt man ihn in die Obhut von Profis. Oft hat dieser Vampir einen »Plan« für die Menschheit, an dessen Ende ihre vollständige Vernichtung oder totale Versklavung steht.

---

49   Vergessen Sie nie die tragischen Lektionen, die die Helden in *Tanz der Vampire* und *Geschichten aus der Gruft: Bordello of Blood* lernen mussten.

Bekannte Beispiele

Graf Orlok, *Nosferatu*

Der Meister, *Buffy – Im Bann der Dämonen*

Una, *Vampires: Los Muertos*

Lothos, *Buffy – Der Vampirjäger* (Film)

Max, *The Lost Boys*

Drake, *Blade: Trinity*

Kurt Barlow, *Salem's Lot – Brennen muss Salem*

Akasha, *Chronik der Vampire*

Jerry Dandrige, *Die rabenschwarze Nacht – Fright Night*

Kit, *The Forsaken – Die Nacht ist gierig*

Lilith, *Geschichten aus der Gruft: Bordello of Blood*
  (»Schön, aber tödlich« trifft hier ebenfalls zu)

Jan Valek, *John Carpenter's Vampire*

Graf Yorga, *Junges Blut für Dracula*

Kalika (Kali Ma), *Der blonde Vampir, Band 5: Das Orakel der Seherin*

Dracula, Bram Stokers *Dracula* (Roman)

Carmilla, lesbische Vampirkönigin, *Lesbian Vampire Killers*

Murlough, *Der Mitternachtszirkus*

Eli Damaskinos, *Blade II*

Baron Blood, *Captain America*

Dracula, *Wes Craven präsentiert Dracula*

DER UNBEHERRSCHTE VAMPIR Dieser wütende Vampirtyp rechtfertigt sein Verhalten nicht. Er hält wenig von moralischen Skrupeln oder Fairness und kann von einem Moment auf den anderen in einen Blutrausch verfallen. Oft sucht er nach einem Grund, um auf einen armen Sterblichen loszugehen.

Bekannte Beispiele

Severen, *Near Dark – Die Nacht hat ihren Preis*

David, *The Lost Boys*

Jarko Grimwood, *Blade: Trinity*

Ed Thompson, *Die rabenschwarze Nacht – Fright Night*

Razor Charlie, *From Dusk Till Dawn*

Mr. Chaney, *The V Word – Blutrausch der Vampire*

Cym, *The Forsaken – Die Nacht ist gierig*

Louie, *Fright Night II – Mein Nachbar, der Vampir*

James, *Twilight*

Marlow, 30 *Days of Night*

Angelus, *Buffy – Im Bann der Dämonen*

Deacon Frost, *Blade*

Radu, *Subspecies – Im Blutrausch*

SCHÖN, ABER TÖDLICH   Die hinreißenden Geschöpfe mit dem großen Geheimnis. Sie nutzen ihr Aussehen, um arglose Opfer anzulocken, und halten wenig von schlichten menschlichen Emotionen wie Liebe. Wenn Sie ganz besonderes Pech haben, werden diese Vampire Sie monatelang als Schoßhündchen halten und Sie langsam aussaugen, bis Sie um einen gnädigen Tod betteln.

Bekannte Vertreter

Drusilla, *Buffy – Im Bann der Dämonen*

Darla, *Buffy – Im Bann der Dämonen*

Rachel, *Vampires Kiss*

Lucy Westenra, *Bram Stoker's Dracula*

Alle Draculabräute von Bram Stokers *Dracula* (Roman) bis *Van Helsing*

Danica Talos, *Blade: Trinity*

Santiago, *Interview mit einem Vampir*
Satanico Pandemonium, *From Dusk Till Dawn*
Gräfin, *Einmal beißen bitte*
Regine, *Fright Night II – Mein Nachbar, der Vampir*
Victoria, *Twilight, New Moon* und *Eclipse*
Diamondback, *Near Dark – Die Nacht hat ihren Preis*
Eva, *Lesbian Vampire Killers*
Miriam Blaylock, *Begierde*
Katrina, *Vamp*
Rose, *Rabid – Der brüllende Tod*

WIRKLICH SCHRECKLICHE GENTLEMEN Sie haben Stil und wissen sich in bester Gesellschaft zu bewegen. Sie werden dafür sorgen, dass Sie sich vollkommen entspannt fühlen, ehe sie Ihre Halsschlagader ins Visier nehmen.

Bekannte Beispiele
Graf von Krolock, *Tanz der Vampire*
Bela Lugosis *Graf Dracula*

UNTOTE LOSER Der klassische Blödmann. Zu weit oben in der Rangordnung, um nur als Lakai betrachtet zu werden, aber nicht wichtig genug, um echte Macht zu besitzen. Diese traurigen Typen versuchen die nächste Sprosse zu erklimmen, die vielleicht tatsächlich etwas Spielraum zum Handeln gibt, doch ihr unterentwickelter Verstand oder ihre schnippische Art stehen ihnen dabei gewöhnlich im Weg.

Bekannte Beispiele
Amilyn, *Buffy – Der Vampirkiller* (Film)
Eddie Fender, *Der blonde Vampir*, Band 2: *Schwarzes Blut*

4

DER TRAGISCHE VAMPIR

HEMOPHAGO TRAGICUS

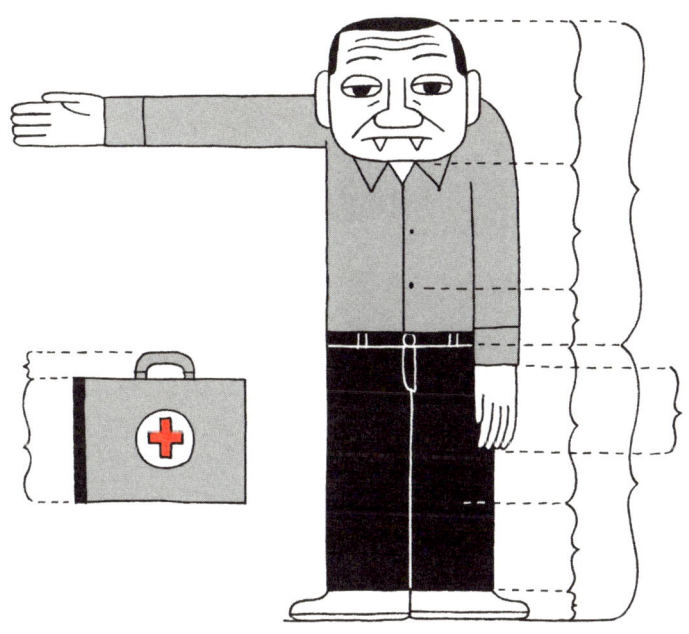

Armer Nicholas …
gepeinigt von einer Seele, die er nicht hat.
Janette, *Nick Knight – Der Vampircop*

Die Existenz der gequälten Seele im Volk der Untoten ist ein gut dokumentiertes Phänomen. Die Menschen stehen auf Geschichten von Wesen, die alles haben, aber heftig von ihrem gottlosen Dasein gepeinigt werden. Zu unserem Glück leiden Scharen von Vampiren unter ständigem Selbsthass und Einsamkeit, so dass sie eine eigene Spezies bilden und die Geschichten über gemarterte Seelen vermutlich immer wieder Stoff für tolle Romane und Filme liefern werden.

Wir sprechen hier von den Tragischen Vampiren – jenen, die einsam durch die von ihnen selbst geschaffene Finsternis gehen. Diese Vampirspezies hat nicht zwangsläufig Spaß am Morden und hadert ununterbrochen mit ihrer Sucht nach Menschenblut, während sie gegen ihren natürlichen Instinkt zu töten ankämpft und damit ringt, ihre unaufhörliche Blutgier zu bezähmen. Einigen gelingt es, anderen nicht, aber ihre Besessenheit von diesem inneren Kampf gegen ihre natürlichen Triebe lässt sie praktisch niemals los und bewirkt häufig diese äußerst melancholische und etwas zugeknöpfte Wesensart, die für diese Spezies typisch ist.

Obschon diese Geschöpfe enormes Mitgefühl für Vampire in uns wecken, sollte Sie dies in keinster Weise dazu verleiten, unvorsichtig zu werden. Es hat einen Grund, weshalb Tragische Vampire sich so miserabel fühlen und so jämmerlich benehmen. Sie haben immer getötet oder möchten jederzeit wieder töten, und sie sind hungrig, entsetzlich hungrig. Der Durst quält sie unaufhörlich, auch wenn sie versuchen, mit einem Bruchteil dessen zu überleben, was sie eigentlich brauchen würden, um ihre Sucht zu befriedigen. Fallen Sie deshalb nicht auf diesen ganzen Unsinn herein, von wegen »sie stehen einfach nicht darauf, dich zu töten«. Sie tun es, sie werden es tun, und Sie werden derjenige sein, der auf den Krankenhausrechnungen sitzenbleibt, wenn Sie den Kopf verlieren.

Es ist wichtig, diesen traurigen Vampir zu studieren, der sich auf dem schmalen Grat zwischen Verbrecher und Romantiker bewegt, denn es sind schon zu viele Sterbliche in die Fangzähne geraten bei dem Versuch, einen Vampir zu retten, der immer noch nicht ungezwungen mit seiner Gier nach Blut umgehen kann.

Äußere Erkennungsmerkmale
VON KOPF BIS FUSS EIN GRÜBLER

KLEIDUNG Wenn jemand scheinbar das Gewicht der Welt auf den Schultern trägt, dann würde es etwas albern aussehen, wenn er sich aufrüschte. Daher halten sich die meisten dieser Gestalten in Sachen Klamotten an legere Klassiker. Stellen Sie sich einen James-Dean-Stil vor, sexy, aber unaufdringlich, mit ein paar netten Anzügen für alle Fälle irgendwo hinten im Kleiderschrank (sofern ein Vampir nicht in der Großstadt lebt, wo es notwendig ist, sich jeden Tag in Schale zu werfen, wird er immer wieder auf einen unspektakulären Basic-Look zurückgreifen).[50]

Der Körperhygiene widmen diese Vampire einige Sorgfalt, denn schließlich sind sie trübsinnige Unsterbliche und keine Wilden. Insgesamt aber bevorzugt *Hemophago tragicus* eine rationelle, unaufwendige Vorgehensweise. Viele Tragische Vampire verbringen ihr Leben auf Achse, mit nichts als ihren Kleidern am Leib, und sich mit mehr abzuschleppen wäre uncool.

Zudem will man ja, wenn man gegen eine schwere Sucht kämpfen muss, bei Menschen nicht zu viel Aufmerksamkeit erregen. Protzige Klamotten

50   Selbst die tragische Figur des Angel, der in der letzten Staffel der TV-Serie, in der er die Anwaltskanzlei Wolfram & Hart leitet, häufig Anzüge trägt, wird ständig angemacht, weil er Tag für Tag die gleichen Klamotten anzieht. Als ihn ein Swami fragt (in »Angel für einen Tag«, *Angel*, Staffel 2), weshalb er von Kopf bis Fuß in Schwarz gekleidet ist, obwohl in L. A. mehr als 30 °C herrschen, erwidert er, er habe keine Körpertemperatur und auch kein Spiegelbild, was heißen soll, dass er sich auch nicht den Kopf darüber zerbrechen muss, ob die Sachen zusammenpassen. Seine Antwort zeigt, dass bei Tragischen Vampiren Zweckmäßigkeit vor Stil geht.

und Klunker ziehen unweigerlich einen Schwarm menschlicher Bewunderer an, und was ist verlockender als eine Horde Sterblicher mit äderigen helfenden Händen, die es einem unbedingt recht machen will. Entscheidend ist es, nicht aufzufallen. Ein Vampir wird in dem Maße auf sein Aussehen achten, als dass er zurechtkommt, ohne zu viel Aufmerksamkeit zu erregen oder auch nur das kleinste Fünkchen Neugier zu wecken.

Physische Besonderheiten
NACH BELIEBEN TRAURIG

HAUT Abgesehen von dem ewig miesepetrigen Ausdruck, der auf dem Gesicht dieses Vampirs festgeklebt scheint, kann man diesen speziellen Typ auch an seiner bleichen Haut erkennen. Während viele andere Vampire eine regelrecht strahlende Haut haben, sieht ein mangelernährter Nosferatu häufig mitgenommen, gelb und ungesund aus, was auf tierische Kost oder Nulldiät zurückzuführen ist.

Der Tragische Vampir kann ohne weiteres mit einem Junkie auf Entzug verglichen werden, da beide im Grunde das gleiche Problem haben, und das sieht man ihnen auch an. Ohne die richtigen Nährstoffe aus Menschenblut beginnt ein Vampir blass und krank auszusehen. Achten Sie auf diese Warnzeichen, und zeigen Sie in Gegenwart von jemandem, der völlig ausgehungert wirkt, nicht unbedacht nacktes Fleisch.[51]

51 Der arme Vampir Eddie verkümmert zu einem bleichen, schwachen Geschöpf, als Jason Stackhouse und Amy Burley ihn in der TV-Serie *True Blood* in ihrem Keller als persönlichen V-Saft-Lieferanten gefangenhalten. Er ist ein ausgezeichnetes Beispiel dafür, wie unterernährte Vampire aussehen.

Tafel 5

DER TRAGISCHE VAMPIR

A.

B.

C.

D.

E.

F.

AUGEN   Seine untoten Augen sind eine weitere Möglichkeit, einen Tragischen Vampir vom Rest zu unterscheiden. Abgesehen von dem schmachtenden Blick, angefüllt mit innerem Chaos und ständiger Enttäuschung über sich selbst, die sich in den grübelnden Augen des Tragischen Vampirs spiegelt, findet man beim *Hemophago tragicus* auch noch andere verräterische physische Merkmale. Wenn diese Vampire beispielsweise unter Mangelernährung leiden, reagieren ihre Augen. Sie werden dunkler oder komplett schwarz oder sind blutunterlaufen wie bei jemandem, der seit Tagen nicht mehr geschlafen hat. Oder das Weiße der Augen färbt sich vollkommen gelb.[52] Sollten Sie bei einem Tragischen Vampir diese Augenveränderungen beobachten, betrachten Sie dies als ein Warnzeichen. Verschwinden Sie und kommen Sie erst zurück, wenn er anständig gegessen hat. Erinnern Sie, ihn daran, dass er Sie und andere in Gefahr bringt, wenn seine Melancholie seine Essgewohnheiten beeinflusst.

Lebensraum
EINSAMES DASEIN

Tragische Vampire können eigentlich überall leben. Sie sind nicht besonders anspruchsvoll und kommen mit ziemlich allem klar, was ihre Umgebung zu bieten hat. Allerdings wird ein Tragischer Vampir nicht in Nobelherbergen abhängen, da dies der Grübelei wenig förderlich wäre. Tatsächlich scheinen viele Vertreter dieser Vampirspezies es vorzuziehen, ständig auf Achse zu sein. Manche bleiben ein oder zwei Jahre in einer Stadt, doch je länger sich ein Vampir an einem Ort aufhält, desto schwerer fällt es ihm,

---

52 Siehe *Twilight*, *Moonlight* und *Buffy – Im Bann der Dämonen*.

mit den täglichen Versuchungen umzugehen, vor allem, wenn diese seine Freunde geworden sind.

Wegen dieser Neigung zum Nomadentum ist es schwierig, Tragischen Vampiren einen speziellen Lebensraum zuzuordnen. Sie können in ihren Autos leben, in einer Eigentumswohnung, in einem Wohnmobil oder sogar im Erdboden. Sollten sie beschließen, sich einen festen Wohnsitz zuzulegen, dann wird ihr Heim ziemlich wahrscheinlich mit einem geschickt plazierten Gemälde oder Foto von der längst verstorbenen Frau oder einem toten Verwandten dekoriert sein (die sie vermutlich im Blutrausch eigenhändig ermordet haben). Ein Wandschmuck aus den unschuldigen Gesichtern jener, die man massakriert hat, wirkt als Appetitzügler Wunder und ist überdies hilfreich, den Selbsthass anzuheizen.

Gleichwohl sollten Sie, falls Sie sich mit einem Tragischen Vampir in die Welt hinauswagen, tunlichst keine Treffpunkte wählen, die ihn nervös machen könnten. Wir empfehlen auch hier keineswegs, sich mit dieser besonderen Spezies abzugeben, aber wir sind uns im Klaren darüber, dass es sich mitunter nicht vermeiden lässt. Reporter in San Francisco haben ihre Deadlines – da brauchen Sie nur Anne Rice' Daniel Molloy zu fragen.

Paranormale Fähigkeiten
AUSGEHUNGERTES TALENT

Eigentlich verfügen Tragische Vampire über die gleichen paranormalen und natürlichen Begabungen wie andere Vampire, aber mit einem großen Unterschied. Der unterernährte Vampir ist ein geschwächtes Geschöpf, dessen Fähigkeit, Gedanken zu lesen, jemandem seinen Willen aufzuzwingen oder irgendwelche anderen übersinnlichen Kräfte zum Einsatz zu bringen, stark

ORTE, DIE MAN MIT EINEM TRAGISCHEN VAMPIR NICHT AUFSUCHEN SOLLTE

- Grillpartys: Der Geruch von blutigem Steak in der Sommerluft ist nicht nur für Menschen eine Verlockung. Ganz allgemein halten Sie sich am besten von Orten fern, an denen große Stücke ungegartes rotes Fleisch herumliegen, weshalb Metzger und Betriebe, in denen Fleisch abgepackt wird, ein absolutes No-Go sind.
- Krankenhäuser und Arztpraxen: Einige Vampire haben sich besser im Griff als andere, aber Sie sollten auf Nummer sicher gehen.
- Einsame Wiesen, Wüsten und Wälder. Und jeder andere Ort, der bei einem vampirischen Rückfall keine raschen Rückzugsmöglichkeiten bietet.
- Alle Orte, an denen Kriegsspiele wie Laser Tag oder Paintball und Wasserpistolenkämpfe stattfinden: Allein bei dem Anblick von jemandem, der so tut, als würde er bluten, kann ein hungriger Vampir die Kontrolle verlieren. Überdies haben viele Tragische Vampire irgendwann einmal in Kriegen gekämpft, weshalb sich das ganze Unterfangen als unsensibel erweisen könnte.
- Andere Vampirtreffs: Diese Vampire entscheiden sich nicht ohne Grund für ein Dasein als Einzelgänger.
- Jeder Ort, an dem Sie sich vielleicht verletzen könnten: Da man sich sogar an einer Papierkante schneiden kann, sollten Sie selbst bei harmlosen Geburtstagsgeschenken auf Spitzen und Ecken achten.

eingeschränkt sein wird. Ob es an der Unfähigkeit liegt, sich zu konzentrieren, oder an einer reinen Mangelernährung durch den Verzicht auf Blut, ein Tragischer Vampir, der unterernährt ist, wird niemals die volle Leistung bringen. Daher haben viele Tragische Vampire ihre paranormalen Fähigkeiten entweder teilweise eingebüßt oder komplett verloren.

Verhalten
EIN MÜRRISCHER HAUFEN

KONVERSATION   Smalltalk ist für die meisten Tragischen Vampire ein vollkommenes Fremdwort. Entweder man wird komplett ignoriert oder muss langatmige Predigten über sich ergehen lassen, die von einem verhunzten Leben handeln und einer verzweifelten Seele auf der Suche nach Erlösung, während sie gegen »den Hunger« kämpft. Sollte es Ihnen gelingen, einen Tragischen Vampir zum Reden zu bringen, was an sich schon eine schwierige Sache ist, dann stellen Sie sicher, dass Sie genügend Zeit zur Verfügung haben, um mit ihm über Jahre des Leidens, der Sucht, der Tiefenanalyse jeder Handlung nach dem Biss und der Qualen seiner Heldentaten zu sprechen oder sich einfach stundenlang gefühlsduseliges Gequatsche anzuhören. Für welches Thema er sich auch entscheidet, es wird von Selbstmitleid, moralischen Lektionen, ermüdenden Ausführungen, wie er zur Rettung seiner Seele den Kampf gegen das Böse aufnahm oder etwas in dieser Art nur so triefen. Es wird immer eine lange Unterhaltung werden.[53]

---

53   Der gesamte Roman *Interview mit einem Vampir* von Anne Rice ist eigentlich nichts anderes als eine ausgiebige, von Selbsthass geprägte Betrachtung des unglücklichen Lebens von Vampir Louis de Pointe du Lac (aus seiner eigenen Perspektive).
  Aber vielleicht charakterisiert Vampir Spike das Wesen des monologisierenden, in Selbstmitleid zerfließenden Vampirs am besten. In der Episode »Der Ring von Amara« aus der Serie *Angel* sagt Spike, als Angel die Dankbarkeit einer Frau, die er gerettet hat, zurückweist, zu dem ermüdenden Vortrag des Tragischen Vampirs (Angels Stimme nachäffend): »Deine Tränen der Erleichterung reichen mir völlig. Ich war einst der böseste Vampir, aber die Liebe und so 'n blöder Fluch haben mich gezähmt … Nein. Menschen in Not zu helfen ist mein Job. Und wenn ich die Frauen dabei so richtig aufgeilen und mich dann hüftschwingenderweise wie 'ne Fummeltriene verabschieden kann, ist das der schönste Lohn … Kein Wort mehr! Das Böse ist überall!«

Weshalb ergehen sich Tragische Vampire in endlosem Gelaber? Die meisten Tragischen Vampire quatschen Stunden am Stück, weil sie sonst selten Gelegenheit zum Reden haben (wegen ihres einsamen Lebens und so). Andere finden kein Ende, weil es ja so gut tut, sich die schmutzigen Taten ihrer Vergangenheit vom untoten Herzen reden zu können. Leider kann geistige Anregung dieser Art ziemlich schnell auf die Nerven gehen. Am besten sitzt man die Sache aus und nickt dabei immerzu. Denken Sie daran: Tragische Vampire sind launisch. Ein Augenblick des Desinteresses kann als direkter Affront gegen ihren unermüdlichen Kampf und ihre missliche Lage verstanden werden und selbst den gelassensten Vampir in einen hasserfüllten Blutrausch treiben. Denn in erster Linie nehmen sie nun mal ihre eigenen Probleme todernst.

TRAGISCHE HELDEN Da nicht wenige Tragische Vampire sich ihr schlechtes Gewissen zu Herzen nehmen und glauben, Wiedergutmachung für all das Leid leisten zu müssen, das sie und ihresgleichen der Menschheit zugefügt haben, schlüpfen sie in die Rolle des Helden.

Diese tragischen Helden nutzen ihre gesteigerten Fähigkeiten, um dem Guten zu dienen. Vielleicht versuchen sie dadurch das Böse zu kompensieren, das sie früher in der Welt entfesselt haben, vielleicht fasziniert sie die böse Seite ihres dunklen Lebens nicht mehr, oder sie sind aus dem Grab auferstanden, nachdem sie von einer Gang Jägervampire sexuell missbraucht und ermordet wurden, und trachten nun einfach nach emotionsloser untoter Gerechtigkeit.[54] Wie dem auch sei. Mittlerweile gibt es eine wachsende Untergrundgruppe von Heldenvampiren der Popkultur, die ihre Kräfte für das Gute einsetzen und darin richtig gut sind.

54 Siehe Sadie Blake, *Rise: Blood Hunter.*

ACHTUNG SELBSTMORDGEFAHR

Viele Vampire haben höllisch viel Zeit, sich mit ihrer Unsterblichkeit zu beschäftigen. Da unersättliche Blutgier in Kombination mit einem endlosen Leben reichlich Raum für Schuldgefühle lässt, sollten die meisten Tragischen Vampire wegen Suizidgefahr zu ihrem eigenen Schutz unter Beobachtung gestellt werden.

Wenn Sie beabsichtigen, diese Vampire am Leben zu erhalten, dann sollten Sie vor allem zwei besonders gefährdete Typen unter strenge Aufsicht stellen, um Kurzschlussreaktionen zu verhindern: gerade gewandelte Vampire und Nosferatus, die schon viel zu lange leben und viel zu viel gesehen haben (wie sie es vielleicht ausdrücken würden).

Wie man in *The V Word – Blutrausch der Vampire* oder *30 Days of Night* sieht, würden viele Vampirfrischlinge lieber sterben, als ein Leben als Vampir zu führen. Behalten Sie Neulinge im Auge, denn vielleicht steuern sie schnurstracks auf den Sonnenaufgang zu.

Jene, die schon seit Jahrhunderten da sind, betreiben oft selbstverschuldete Pfählungen. Möglicherweise kommen sie nicht mehr damit klar, wie sehr sich die Welt um sie herum verändert hat. Vampire, die schon seit hunderten Jahren leben, neigen dazu, sich aus Verzweiflung unüberlegt in etwas zu stürzen, was »die gefährliche Zeit« genannt wird. Dieser Zeit fallen viele Vampire von Anne Rice zum Opfer.

Varney, einer der ersten Tragischen Vampire, wirft sich in den Krater des Vesuvs, weil er nicht länger mit seinen einstigen Taten leben kann. Selbst modernere Vampire von heute wollten sich schon das Leben nehmen. So versucht der mürrische Edward Cullen die Volturi aufzubringen, um sein endloses Leiden über den Verlust seiner wahren Liebe zu beenden. Es ist hart, ein Vampir zu sein, aber auf den Sonnenaufgang zu warten, um sich von ihm wegraffen zu lassen, ist auch keine Lösung.

Die Vertreter dieses Typus im realen Leben sind extrem selten und ziehen es vor, das Licht der Öffentlichkeit zu meiden. Denken Sie doch mal nach: Diese Vampire bringen ihr Leben damit zu, ihresgleichen – Bestien, deren Natur die Menschen nicht vollständig begreifen können – um die Ecke zu bringen, und der Rest der übernatürlichen Welt wünscht sie zum Teufel. Die Lebensweise dieser Wesen macht Diskretion und Geheimhaltung zwingend notwendig. Denn sollten sie von den Behörden beim Abschlachten eines Vampirs erwischt werden, würden sie ins Gefängnis gehen müssen. Und wer hat schon Zeit, sich mit dem menschlichen Justizsystem herumzuschlagen, wenn vor unserer Haustür ein Krieg paranormaler Kräfte tobt?

Obwohl diese ungewöhnlichen Helden all die emotionalen Probleme des Tragischen Vampirs haben, ziehen sie es vor, die Angelegenheit auf der Straße auszutragen. Die Rettung der Welt ist ihnen wichtiger als die Rettung der eigenen Seele (wenngleich man dagegenhalten könnte, dass sie sich dadurch nur den Zutritt zum Himmel erkaufen wollen). Während andere Vampire lieber grübeln, Trübsal blasen und sich von der Welt zurückziehen, werden diese Unsterblichen aktiv. Dennoch ist man auf einsamer Mission, wenn man gegen Geschöpfe kämpft, die der Rest der Welt lieber ignoriert. Da sie zudem mit Gewalt vertraut sind und Kollateralschäden möglichst gering halten wollen, machen die tragischen Helden üblicherweise einen Alleinflug (oder arbeiten mit einer ganz kleinen Scooby-Gang).

Vampirdetektive

Bei dem Thema tragische Helden darf man die Privatschnüffler der untoten Welt nicht vergessen. Obwohl sie aus den gleichen Beweggründen heraus handeln wie die bereits erwähnten pfähleschwingenden Helden, ziehen es diese grüblerischen Vampire vor, Verbrechen legal zu bekämpfen – oder zumindest halblegal. In ihren Jobs als Privatermittler und Detektive streifen die Vampirschnüffler durch die Straßen, während sie nach gesetzeswidrigen paranormalen Aktivitäten Ausschau halten und nebenbei ein paar menschliche Verbrechen aufklären.

NICK KNIGHT – DER VAMPIRCOP Dieser Vampir versucht seine Verbrechen an der Gesellschaft zu sühnen, indem er in der von Kriminellen geplagten Stadt Toronto als Polizist arbeitet. Er ist achthundert Jahre alt und wendet seine Fähigkeit, Gedanken zu manipulieren, gern bei besonders aufdringlichen Reportern an. Die Serie, die zuerst in Kanada ausgestrahlt wurde, basiert auf einem in den 1980er Jahren für das Fernsehen produzierten US-amerikanischen Film, in dem Popikone Rick Springfield die Rolle des Nick spielte.

BLOOD TIES – BISS AUFS BLUT Henry Fitzroy ist ein vierhundertachtzig Jahre alter Vampir aus der Fernsehserie *Blood Ties*, die auf den Blutbüchern von Tanya Huff basiert. Er ist der Sohn von Heinrich VIII. und tut sich mit der ehemaligen Polizistin Vicki Nelson zusammen, die aufgrund einer Krankheit das Augenlicht verliert. Ach ja, sie stehen beide total aufeinander, aber Nelson ist gebunden, was in manchen dieser Mysteryserien ständig ein Thema zu sein scheint.

MOONLIGHT Im Mittelpunkt dieser Serie steht Mick St. John, der Vampirdetektiv mit dem goldenen Herzen. Mick ist neunzig Jahre alt und in eine Reporterin verliebt (die aber einen Freund hat). Mick nimmt bei der Aufklärung von Verbrechen sogar die Hilfe vieler anderer Vampire in Anspruch, unter ihnen der Technikfreak Logan Griffin.

ANGEL Obwohl aus der Serie letztlich mehr wurde als einfach nur Geschichten über einen Vampirdetektiv, konzipierte ihr Schöpfer Joss Whedon seinen Buffy-Ableger als genau das: »Ein kleines Büro mit den Jalousien und der Schlagfertigkeit und der Art nihilistischer Härte und der dunklen Welt und den seltsamen Wendungen und all den Dingen, die man in dem großartigen Film noir der 1940er und 1950er Jahre findet … Er versetzt Sie in eine Welt, die in der gleichen Weise ein wenig überhöht ist, also macht es irgendwie Sinn, dass sie Detektive sind.«[55] Angel, geboren 1727, eröffnet in Los Angeles eine Detektei und rettet von dort aus viele Male die Welt.

VERWIRRENDER EHRENKODEX: DIE SELBSTERNANNTEN ORDNUNGSHÜTER

Nicht alle Tragischen Vampire schwören dem Saugen menschlichen Blutes ab. Einige finden es völlig in Ordnung, ab und zu am Hals eines Menschen zu mampfen, solange dieser Mensch ein Bösewicht ist, Moral hin oder her. Diese Vampire rechtfertigen ihr Bedürfnis nach Menschenblut damit, dass sie der menschlichen Gesellschaft eigentlich einen Dienst erweisen, wenn sie weniger wünschenswerte Mitglieder beseitigen. In dem Film *Bloody Marie – Eine Frau mit Biss* deckt die rotäugige Marie ihren Bedarf an Sex und Blut, indem sie sich an den Hälsen Krimineller gütlich tut.

Führt diese Einstellung des arroganten Vigilanten denn nicht häufig zu schrecklichen Missverständnissen? Darauf können Sie wetten. Tatsächlich hält im gleichen Film Marie einen Mafiapaten irrtümlicherweise für tot, was zur Folge hat, dass eine ganze Armee von Vampirgangstern die Stadt heimsucht. Obwohl diese Situation einen grandiosen Spielraum für Vampirwortspiele lässt, ist sie ein perfektes Beispiel dafür, dass vampirische Selbstjustiz im günstigsten Fall schlichtweg gefährlich ist.

---

55 Joss Whedon in einem Interview mit GreenCine am 29. Oktober 2007.

Oft sind die arroganten Vigilanten die Geißel im Dasein des tragischen Helden, da ihr lockerer Umgang mit Menschenleben allem widerspricht, was der Tragische Held zu schützen versucht. Während die Helden die missliche Lage der Menschen ernst nehmen und beträchtliche Mühen auf sich nehmen, um selbst die schlimmsten sterblichen Verbrecher zu schützen (damit die Justiz über deren Schicksal entscheiden kann), stolpern Selbstjustiz übende Vampire häufig über ihre eigenen Laster und untoten Bedürfnisse.[56] Und obwohl sich die meisten von ihnen wirklich anstrengen, einen persönlichen Ethikcodex einzuhalten und sich nur von Mördern oder Drogendealern ernähren, macht es die verschwommene Grenze zwischen Selbstjustiz und einfacher nackter Rache wahrscheinlich, dass die meisten dieser Vampire sie während ihres Daseins mindestens einmal überschreiten.[57]

Einige dieser selbsternannten Ordnungshüter sind wahnsinnig unterhaltsame Esel, deren Status als Einzelgänger aus ihnen dermaßen haarsträubende abscheuliche Individuen gemacht hat, dass der höfliche bleiche Bela Lugosi dunkelrot anlaufen würde. Na gut, auch viele andere Vampire, allen voran die Bösewichte, benehmen sich, wie sie wollen. Aber bei einem Tragischen Vampir schafft die Mischung aus innerem Zwiespalt, Blutsucht und Einsiedlertum das passende Chaos für einen der unterhaltsamsten Armleuchter in der Geschichte der Vampirtypisierung.

---

56   Berüchtigt als der kaltschnäuzigste unter den »Ordnungshütern« ist Proinsias Cassidy aus den *Preacher*-Comics (von seinen wenigen Kumpels einfach Cassidy genannt). Er ist kalt, ungehobelt und drogenabhängig und ständig damit beschäftigt, dass er eine Menge Leute ermordet hat, die er mochte. Dies liefert phantastischen Gesprächsstoff, und vermutlich ist er eine der faszinierendsten gequälten Seelen.

57   Ganz zu schweigen von den Problemen, die schlichtweg durch Verwechslungen entstehen. Selbst der tragische Held Angel tötet in der Episode »Das Tribunal« irrtümlicherweise einen guten Dämon, der, wie sich dann herausstellt, das gleiche Opfer beschützen wollte wie Angel selbst.

Vielleicht verspüren Sie den Wunsch, diesem Typ des verstörten Vampirs, dessen sarkastisches Verhalten ihn so anziehend macht, zu helfen und ihn zu retten. Aber das wäre ein großer Fehler. Diese lustigen Penner sind nicht ohne Grund so, wie sie sind. Denken Sie bei einem Tragischen Vampir stets daran, dass Sie das, was Sie sehen, auch bekommen. Sollten Sie einem Vampir begegnen, der immer noch mit seiner Sucht kämpft, Sie aber mit seinem originellen Gequatsche, seiner Potenz und seiner sorglosen Haltung gegenüber sozialen Skrupeln bezaubert, dann wird er vermutlich auch kein Problem damit haben, in aller Öffentlichkeit eine Ihrer Adern anzuzapfen. Klar, danach wird er sich tagelang verdammt mies fühlen, aber dennoch werden Sie es sein, dem ein halber Liter Blut abhandengekommen ist. Es erfordert Disziplin und Beherrschung, nicht in Ihren Hals zu beißen, und jene, die Witze machen, haben den Ernst ihrer Lage noch nicht vollständig begriffen. Werden Sie niemals unvorsichtig, so unterhaltsam ein Vampir auch scheinen mag.[58]

DER ROMANTIKER HINTER DEM TRAGISCHEN VAMPIR Viele der aufgeführten Tragischen Vampire besitzen extrem hohes Potential für einen Typwechsel. Wie Menschen sind auch Vampire facettenreiche Wesen, und daher findet man bei einem Tragischen Vampir nicht selten Merkmale des

---

58 Obwohl sich Spike in jeder Beziehung kaum in eine Kategorie einordnen lässt, ist er dennoch ein perfektes Beispiel für jene Vampire, die den arroganten Ordnungshüter geben. Als der *Buffy*-Vampir gewissermaßen entschärft wird (er bekommt einen Mikrochip eingepflanzt, der bei ihm entsetzliche Kopfschmerzen auslöst, wann immer er jemandem etwas antun will), muss er seine aufgestauten Aggressionen auf andere Weise abreagieren. Beachten Sie sein launiges Gequatsche und seine lockere Einstellung zum Kampf gegen das Böse: »Ich könnte ja, aber irgendwie bin ich durch mein mangelndes Interesse gelähmt« (*Buffy*, »Der Hammer der Zerstörung«).

Romantikers. Häufig ist dieser Typ unglücklich, weil er leidenschaftliche romantische Gefühle für jemanden hegt. Unerwiderte oder zum Scheitern verdammte Liebe ist oft die Ursache für die Griesgrämigkeit von Vampiren. Daher sollten Sie wissen, dass bei diesem speziellen Nosferatu noch nicht das letzte Wort gesprochen ist, auch wenn er vielleicht in diese Kategorie eingeordnet wurde.

Nehmen Sie etwa Miriam Blaylock aus *Begierde*. Diese echt beeindruckende Verführerin turtelt ewig mit ihren Opfern und sperrt sie dann ein, um sie eines langsamen und qualvollen Todes sterben zu lassen. Viele kritische Augen sind aber nach einer Analyse ihres scheinbar brutalen Verhaltens zu dem Schluss gekommen, dass sie auf ihre Weise eine tiefe Liebe zu ihren Opfern empfindet. Es ist ihr Fluch, der sie zum Morden treibt, und sie kann einfach nicht aufhören. Ist sie eine missverstandene Romantikerin, eine Verbrecherin oder einfach nur eine tragische Gestalt, verdammt in einer Welt zu leben, in der ihre geliebten Menschen nur wenige kostbare Jahrhunderte mit ihr teilen, ehe sie zu Staub zerfallen? Das ist schwer zu sagen, doch Vampire wie Miriam sind Grenzgänger (auch wenn wir letztlich glauben, dass sie wirklich in diese Kategorie gehört).

Der springende Punkt ist dennoch, dass Tragische Vampire von allen Vampiren innerlich am wenigsten gefestigt sind, und das will etwas heißen. Da sie zudem das größte Potential für einen Typwechsel haben, werden Sie hier erwähnte Vampire definitiv auch in anderen Kapiteln finden.

Was tun, wenn Sie angebaggert werden?

Die Anziehungskraft des Tragischen Vampirs ist deshalb so enorm, weil jeder ab und zu gern jemanden wieder aufbaut. Zudem lässt ihn sein mürrisches Benehmen und sein Dackelblick mit dem Ausdruck von »ich muss einfach geliebt werden« wie einen längst verlorengeglaubten Streuner auf der Suche nach dem richtigen Zuhause erscheinen, und das ist höchstwahrscheinlich das, was auch der letzte dämliche Sterbliche dachte, bevor er oder sie nach einer Blutorgie in einem zerstörten Haus mit schmerzendem Hals und einer verschwundenen Hauskatze wieder aufwachte.[59] Scheinbar gute Absichten eines Vampirs sollten Sie keinesfalls zu der Überzeugung gelangen lassen, dass dieses Geschöpf irgendetwas anderes als ein Killer ist. In Wirklichkeit handelt es sich bei ihm um eine unterernährte tickende Zeitbombe, die beim Anblick eines aufgeschürften Knies sofort wahnsinnigen Hunger bekommt. Es gibt keine Garantie dafür, dass sein Vampirgift Sie nicht auf der Stelle in einen Vampir verwandelt, wenn er Sie im Blutrausch beißt. Und ganz gewiss kann man nicht davon ausgehen, dass es einem Vampir gelingt, den Rest seines unsterblichen Lebens clean zu bleiben und sich in Blutabstinenz zu üben. Der Hunger wird immer da sein.

Wichtig ist, dass Sie bei einer Kontaktaufnahme einen kühlen Kopf bewahren und sich nicht von den rührseligen Geschichten über das Leben dieses Vampirs einwickeln lassen. Bleiben Sie vollkommen ruhig und reserviert, uninteressiert, aber höflich. Selbst der kleinste Anflug von Freundlichkeit kann als Einladung in den sicheren Hafen Ihrer drallen Arme gedeutet werden, und wir wissen alle, wie das enden wird. Möglicherweise ist es auch hilfreich, den Vampir darauf hinzuweisen, dass Sie Familie haben und Menschen von Ihnen abhängig sind (auch wenn das gar nicht stimmt). Eine solche Feststellung kann bei dem Vampir alte Erinnerungen und Schuldgefühle wecken und ihn in einer Wolke aus Selbstmitleid davonwanken lassen.

59 Denken Sie an den trübsinnigen, Katzen verspeisenden Alex in *Die Ewigkeit der Trauer*.

Bekannte Vertreter
HEMOPHAGO TRAGICUS

DER SCHWINDLER Leider gibt es eine Menge Vampire, die sich nicht rein vegetarisch ernähren. Es sind jene Typen, die schwören, dass sie nie wieder einen Tropfen Menschenblut trinken werden, um Minuten später ihre Zähne in einem Hals zu versenken. Klar doch, sie fühlen sich wegen ihres Ausrutschers mies, aber das Tragische an dieser speziellen Gruppe ist, dass sie sich einfach nicht im Griff haben.

Bekannte Beispiele

Laurent, *Twilight – Bis(s) zum Morgengrauen* und *New Moon – Bis(s) zur Mittagsstunde*
Barnabas Collins, *Dark Shadows*

MUSS LERNEN, SICH SELBST ZU LIEBEN Dieser Vampir erlebt Perioden des Glücks, denen eine tiefe Depression folgt. Er sucht Gesellschaft und Trost bei anderen, aber letztlich tötet er oft die, die er liebt, manchmal lässt er sie eines langsamen, qualvollen Todes sterben. Könnte er lernen, mit seiner Vergangenheit ins Reine zu kommen, sich selbst zu lieben und selbständig zu leben, oder wäre er zu

WARNZEICHEN FÜR EINEN RÜCKFALL
- Gliederzittern
- Offenbar grundlos entblößte Fangzähne
- Ein rascher Wechsel der Augenfarbe
- Überdurchschnittliche Reizbarkeit
- Verlust des klaren Denkens
- Phantasien, alles sei Blut
- Grundlose Veränderungen der Stirn (S.V.F.)*
- Allgemein fehlendes Interesse an einstigen Vorlieben
- Gleichgültigkeit gegenüber der Notlage der Menschen
- Das Verschwinden von Haustieren
- Ungewöhnliches Verhalten (benimmt sich seltsam sozial)

* Sexy Vampire Forehead oder sexy Vampirstirn (siehe Comic *Buffy the Vampire Slayer*, Staffel 8, Ausgabe 21, »Harmonic Divergence«).

dem Wagnis bereit, erfüllende Beziehungen ohne Abhängigkeiten einzugehen, könnte er weitaus glücklicher sein.

Bekannte Beispiele
Varney, *Varney, der Vampir oder das Fest des Blutes*
Louis de Pointe du Lac, *Interview mit einem Vampir*
Proinsias Cassidy, *Preacher*
Jasper Hale, *Twilight*-Serie
Miriam Blaylock, *Begierde*

KILLER MIT SKRUPELN, ABER TROTZDEM EIN MÖRDER   Dieser Vampir weiß, dass Töten unrecht ist, aber er tut es trotzdem. Er denkt gar nicht daran, aufzuhören oder seine Bedürfnisse zurückzustecken. Aber er gibt sich viel Mühe, das Leben seiner Opfer schmerzlos zu beenden – außer man ärgert ihn oder murkst seine Handlanger ab.

Bekannte Beispiele
Martin, *Martin*
Eli, *So finster die Nacht*
Gräfin Marya Zaleska, *Draculas Tochter*

DER TRAGISCHE HELD   Hier haben wir es mit einem rauflustigen Freiheitskämpfer zu tun, der sich mit Intelligenz oder im tödlichen Nahkampf stets für die Menschheit einsetzt, sei es als Wissenschaftler oder als Detektiv. Vielleicht siegt er nicht immer, aber würde sein Herz schlagen, dann für die Menschheit.

Bekannte Beispiele

Angel, *Buffy – Im Bann der Dämonen*

Joshua York, *Fiebertraum*

Vegetarische Vampire, *Supernatural* (Serie)

Marie, *Bloody Marie – Eine Frau mit Biss*

Mina Harker, *Die Liga der außergewöhnlichen Gentlemen*

Saya, *Blood: The Last Vampire*

Alucard, *Hellsing*

Nick Knight, *Nick Knight – Der Vampircop*

Mick St. John, *Moonlight*

Sadie Blake, *Rise: Blood Hunter*

Alicia, *Cold Hearts – Kalter Kuss*

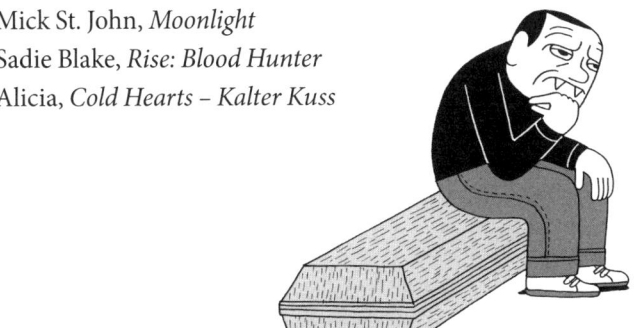

5

DER HALFIE

HEMOPHAGO DIMIDIUS

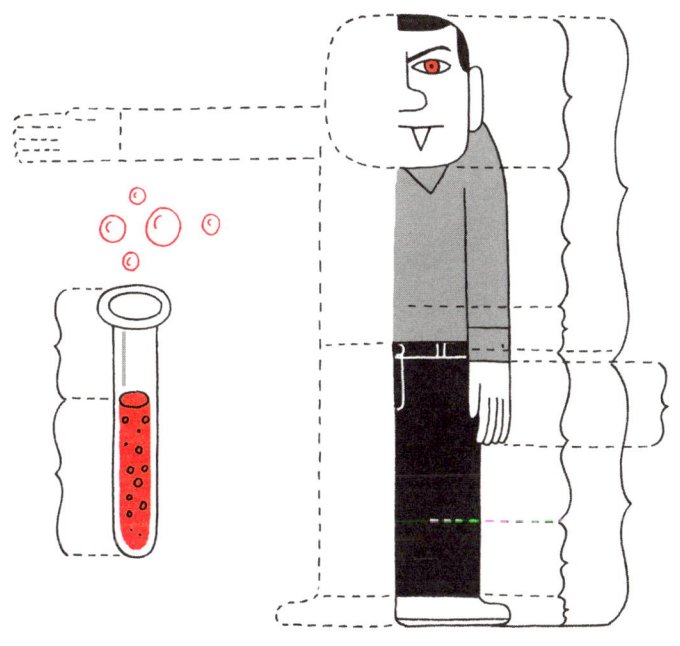

Du wirst zurückkommen.
Wenn der Hunger keine Vernunft kennt!
Und dann wirst du essen müssen,
und du wirst mich brauchen, um es dir zu zeigen.
Miriam Blaylock, *Begierde*

Als Gefangene zwischen der Welt der Untoten und der Welt der Lebenden sind Halfies bedauernswerte, unglückliche Kreaturen, die eine ausgedehnte Phase der Transformation zum Vampir durchlaufen. Ob sich ein Virus eines menschlichen Körpers bemächtigt oder die Verwandlung durch Medikamente oder Gebete aufgeschoben wird, der Prozess ist unangenehm und häufig demütigend.

Es ist wichtig, sich über die vielen verschiedenen Symptome zu informieren, die bei einer Person während der Verwandlung in einen Untoten auftreten: in erster Linie Ihrer Sicherheit zuliebe, aber auch, um herauszufinden, was man für den Betreffenden tun (oder leider nicht tun) kann.

Äußere Erkennungsmerkmale
DU SIEHST AUS WIE DER TOD

KLEIDUNG Die meisten Halfies, die man öffentlich herumlungern sieht, stecken mitten im Verwandlungsprozess. Da diese Wesen oft menschlicher als der Rest erscheinen (weil sie es sind), sind Halfies an der Kleidung allein leider nur schwer zu erkennen.

Einige alberne Vampirdarstellungen zeigen Protagonisten, die, nach dem Biss, von Kopf bis Fuß in Schwarz gehüllt herumlatschen.[60] Obwohl dieses komplett schwarze Outfit eine nette Idee ist, sehen Opfer, die einen Kampf gegen die Verwandlung in einen Untoten führen, üblicherweise ziemlich unordentlich und zerknittert aus. Sie wälzen sich nachts schlaflos im Bett und hängen tagsüber irgendwo im Schatten ab, wodurch ihnen kaum Zeit bleibt, sich um die Wäsche zu kümmern. Die meisten Vertreter der Spezies *Hemophago dimidius* sehen so aus, wie sie sich fühlen: verwirrt, von Schmerzen gepeinigt und müde. Solange sie nicht damit klarkommen, was in ihnen passiert, ist ihre Kleidung gewöhnlich das, was zuerst leidet.

Man muss jedoch unterscheiden können, ob jemand wie ein gequälter Höllenhund aussieht oder einfach nur schmutzig ist. Sollten Sie einen Freund haben, der sich bereits durch vampirische Neigungen hervorgetan hat und auf einmal dreckverkrustet auftaucht, während er Ihren Busenfreund gibt, macht er keinen Spagat mehr zwischen Mensch und Vampir. Er hat eines der vielen vampirischen Zeugungsrituale hinter sich, zu denen es

---

60 Siehe *Einmal beißen bitte, Liebe mit Biss, Fright Night II – Mein Nachbar, der Vampir* und *Der Kuss des Vampirs.*

Tafel 6

DER HALFIE

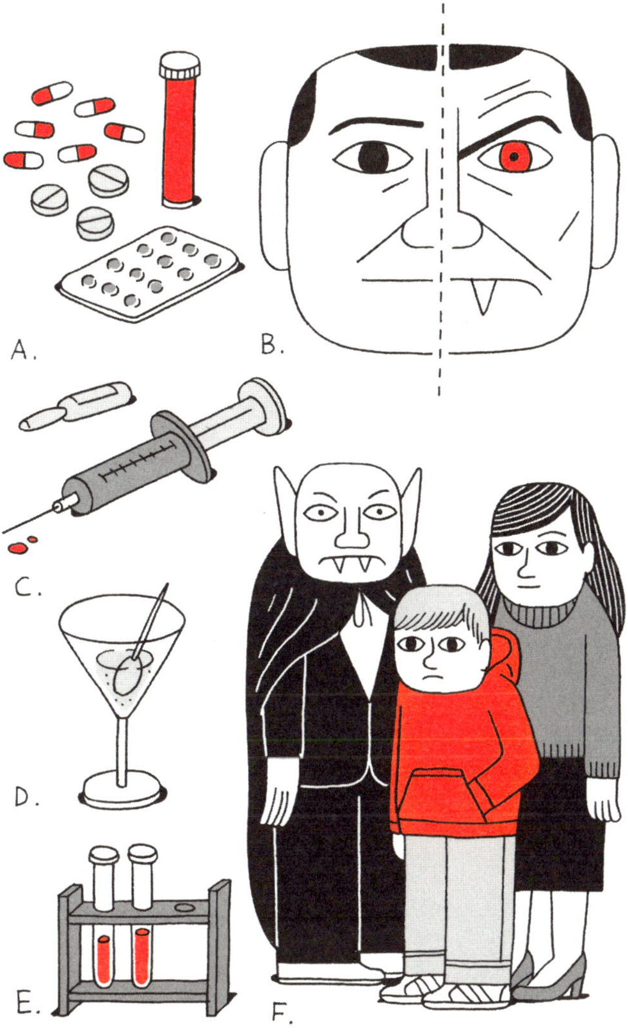

A.

B.

C.

D.

E.

F.

gehört, dass man begraben wird.[61] Wenn Sie also zufällig einem Kumpel begegnen, der mit den Nachtschwärmern rumgehangen hat, und er starrt vor Dreck, dann nichts wie weg, denn wahrscheinlich ist er hungrig.

DER COCKTAIL: DER BESTE FREUND DES HALFIES Halfies, denen es gelingt, zwischen Leben und Tod zu existieren, haben sich meist ein Mittel beschafft, welches verhindert, dass das durch ihre Adern jagende Gift sie in einen ausgewachsenen Blutsauger verwandelt. Ein anständiger Halfie wird immer sein Medikament griffbereit haben, da es die einzige Sache ist, die ihn menschlich bleiben lässt. Wenn Sie jemandem begegnen, der fix und fertig aussieht, ständig Pillen einwirft und eine Vorliebe für komplett rohes Steak hat, dann stehen die Chancen sieben zu zehn, dass Sie es mit einem *Hemophago dimidius* zu tun haben.

Verwandlungshemmer in den Medien
(DER COCKTAIL)

TABLETTEN – *THE FORSAKEN – DIE NACHT IST GIERIG* Die linkischen Vampirjäger aus *The Forsaken* tragen Tabletten aus Antigenen, Aminosäuren und Proteinen bei sich, die angeblich in den späten 1980er Jahren im Zuge von Arzneimittelversuchen gegen HIV von einem gebissenen Arzt entdeckt wurden. Die Tabletten verlangsamen den wochenlangen Verwandlungsprozess und halten das Virus einige Jahre in Schach, aber nicht für immer.

---

61 Sowohl in *Buffy – Im Bann der Dämonen* als auch in *True Blood* gehört Beerdigen zum vampirischen Verwandlungsritual.

TABLETTEN – *VAMPIRES: LOS MUERTOS* Eine andere Art von Verwandlungshemmern nimmt Zoey in John Carpenters *Vampires: Los Muertos* ein. Dann bekommt eine Übervampirin die Tabletten in die Finger, nimmt sie alle auf einmal und wird dadurch unempfindlich gegen Sonne. Was lehrt uns dieser Vorfall? Tragen Sie nie mehr Vampirhemmer als notwendig (und eine Notfallration) mit sich herum.

SPEZIALGETRÄNK – *FIEBERTRAUM* Der Vampir wider Willen Joshua York erfindet ein Spezialgetränk, mit dem das »Blutfieber« eines Vampirs unter Kontrolle gebracht werden kann. Mit dem Dampfboot *Fevre Dream* fährt York den mächtigen Mississippi herunter, um andere Vampire von ihrer Blutgier zu befreien.

SERUM – *BLADE* Blade braucht ein magisches Serum, das der alte Whistler zusammengebraut hat. Gerüchteweise handelt es sich um eine Mixtur aus Blut und Knoblauchextrakt. Nach einem Biss kann man durch Injizieren des Serums (mit einer schicken Spritze) auf dem schmalen Grat zwischen Vampir und Mensch leben und den Hunger besiegen – dennoch behält man seine praktische Superkraft, um gegen ausgewachsene Blutsauger zu kämpfen.

TABLETTEN – *NACHTGEISTER, SCHATTENGEISTER UND MONDGEISTER* In diesen Büchern schlucken Vampire einen Mix aus Tabletten, darunter Eisenergänzungsmittel, damit sie ihrem Verlangen nach Blut widerstehen können. Dadurch wird der Hunger unterdrückt, aber sie verlieren einen Teil ihrer vampirischen Kräfte.

Physische Besonderheiten
SELTSAME VERÄNDERUNGEN

HAUT Wenn jemand gebissen wurde, stirbt er in gewissem Sinne direkt vor Ihren Augen. Im Allgemeinen sieht man ihm seinen furchtbaren körperlichen Zustand an seiner Haut an, die meist eine bleiche Färbung hat, vor allem dann, wenn er nichts isst. Ein Halfie ähnelt in vielerlei Hinsicht dem Tragischen Vampir, da beide häufig auf menschliches Blut verzichten. Sollten sie keine Nahrung zu sich nehmen, bekommen sie eingefallene Wangen, Tränensäcke und feuchtkalte Haut.

Zudem muss man wissen, dass der Körper nach einem Biss eine Abwehrreaktion zeigt und auf das Gift oder das Virus ähnlich regiert wie auf eine Infektion – mit Fieber. Möglicherweise klagt der Betroffene darüber, dass er glüht und heftig schwitzt, obwohl sich seine Haut kalt anfühlt.

IM INNERN DES KÖRPERS Was während der Verwandlung in einen Halfie geschieht, ist weder für Freunde noch für das Opfer selbst eine angenehme Erfahrung. Eines der besseren und grausigeren Beispiele in den Medien ist vielleicht Corri in *Club Vampire*. Nachdem sie nach Hause gekommen ist und einen Hamster gegessen hat, beginnt sie ihre grausige Mahlzeit von sich zu geben und mit ihr eine Menge innerer Organe.

Der Körper des Halfies durchlebt nun die endgültige Abschaltung. Im Grunde schwindet er dahin, und etwas Neues entsteht. Sollten Sie bedauerlicherweise von einem Vampir gebissen worden sein und feststellen, dass Sie Organe aus Ihrem Körper herausreißen, dann denken Sie daran, es könnte schlimmer sein. Hätten Sie sich in eines der Biester aus Guillermo de Toros *Die Saat* verwandelt, würde sich Ihr Lümmel in Luft auflösen.

AUGEN Die Vampiraugen erscheinen in den meisten Fällen erst in einem sehr viel späteren Stadium der Verwandlung des Halfies. Sollte das Opfer jedoch wütend oder erschrocken sein oder in eine Situation gebracht werden, in der es Adrenalin ausschüttet, wird sich seine Augenfarbe sehr wahrscheinlich um ein oder zwei Nuancen verändern.[62] Dies empfindet ein Halfie meist als äußerst beschämend und peinlich, und sollten Sie Zeuge eines solchen Vorfalls werden, wäre es gut, wenn Sie Ihre Schockreaktion auf ein Minimum reduzieren. Üblicherweise treten diese Veränderungen Augenblicke nach einem instinktiven Ausfallschritt hin zum Hals eines geliebten Menschen ein, wofür sich der Halfie ohnehin schon ziemlich schämt.

FANGZÄHNE Die Reißzähne eines Halfies entwickeln sich (sofern er durch eine Blutlinie infiziert wurde, die den Kiefer zu einem Vampirgebiss mutieren lässt) erst, wenn seine Verwandlung praktisch abgeschlossen ist. Betrachten Sie das Sichtbarwerden der Fänge als letzten Schritt der Entwicklung.

Dennoch, Sie werden beim *Hemophago dimidius* Fangzahnknospen[63] oder Ansätze des Nosferatuzahns sehen. Diese Babyzähne sitzen hinten im Mund und warten darauf, sich voll entwickeln zu können. In Knospenform eignen sich die kleinen Zähne nicht sonderlich gut, um Haut zu durchbohren, auch wenn sie bereits scharf sind.

Die wachsenden Fangzähne sind ein weiterer unangenehmer Aspekt der misslichen Lage des Halfies, und Sie

---

62 Siehe Michael in *The Lost Boys*, wenn er wütend und hungrig ist.
63 In dem Film *Bram Stokers Dracula* zeigt Miss Lucy einen niedlichen Satz Fangzahnknospen, kurz bevor sie von Dracula in Wolfsgestalt heimgesucht wird.

werden beobachten können, wie er ständig mit seiner Zunge über das Zahnfleisch fährt, um die Beschwerden zu lindern, die ihm die beiden neuen Zähne beim Durchbrechen des Kiefers bereiten. Es ist ein anhaltender pochender Schmerz, wie bei Karies im Frontbereich, und ein weiterer Grund, weshalb Halfies häufig mit Kopfschmerzen und Stimmungsschwankungen zu kämpfen haben.

Lebensraum
BLEIBEN ODER GEHEN?

Für Halfies gibt es zwei mögliche Lebensweisen. Wenn sie ihre Krankheit im Griff haben, führen viele Vertreter von *Hemophago dimidius* ihr Leben wie gewohnt fort, ob in einer Eigentumswohnung hoch oben über einer Großstadt oder im Souterrain ihrer Eltern. Die andere Hälfte zieht meist auf der Suche nach Antworten los und schließt sich möglicherweise einer Gruppe von Vampirjägern an oder macht die Sache auf einer einsamen Landstraße allein mit sich aus. Gerüchteweise kann bei einem Halfie, der seinen Erzeugervampir killt, die Infektion oder Besessenheit (je nachdem, was man ist und von wem man gebissen wurde) rückgängig gemacht werden. Überflüssig zu sagen, dass er dabei ordentlich unter Dampf gerät. Aber nicht jeder möchte ein Held werden und zu einer einsamen Reise durch die Welt aufbrechen, um Vampire abzuschlachten. Viele Halfies wollen einfach nur zur Normalität zurückkehren. Leider gibt es für die vielen Mixturen der Wissenschaftler keine lebenslange Garantie, und von der Entwicklung eines Heilmittels sind diese noch weit entfernt. Letztlich werden wohl alle, die mit der Krankheit infiziert sind, trotz ihrer heftigen Bemühungen, ein relativ normales Leben zu führen, vollständig verwandelt werden.

Paranormale Fähigkeiten
ZARTE GEDANKENKONTROLLE

Halfies befinden sich noch in der Vampirwerdung, und obwohl sie in dem misslichen Schwebezustand zwischen menschlichem Leben und der ewigen Qual durch einen niemals endenden unlöschbaren Durst nach Blut gefangen sind, gibt es für sie auch einige Vorteile, wie etwa die Entwicklung einer schwach ausgeprägten Fähigkeit zur Gedankenkontrolle. Sie können kleine Kinder und extrem müde und willensschwache Menschen in gewissem Grad beeinflussen. Aber die komplette Kontrolle über diese Fähigkeit erfordert Übung, volle Vampirstärke und Blut. Ohne diese drei Voraussetzungen sind die Kräfte des Halfies allenfalls schwach und unzuverlässig.

Verhalten
EIN SPRUNGHAFTER HAUFEN

KONVERSATION   Selbst bei dem ausgeglichensten Halfie (der seine Krankheit nicht vollkommen verleugnet) müssen Sie sich im Klaren darüber sein, dass ein Biss alles verändert. Ab da an muss der Betroffene den Rest seiner Tage damit verbringen, gegen seine Blutsucht anzukämpfen und das Gift zu unterdrücken, weshalb sich die ganze »Ich sterbe langsam, und es gibt nichts, was ich dagegen tun kann«-Situation wie ein Sprung in einer Platte in seinen Gedanken festsetzen wird.

Ein Halfie wird sich in Depressionen suhlen und sich tagelang in ein Gejammere hineinsteigern darüber, weshalb es gerade ihn getroffen habe. Hier müssen Sie ihm eine Stütze sein, denn da er gewissermaßen direkt vor Ihren Augen stirbt, ist seine Trübsal verständlich. Eine andere Reaktion auf den Spagat zwischen Leben und Tod ist ein verblüffender Heldenkomplex. Ob sie nach Rache dürsten oder sich als göttliches Instrument betrachten, eine große Zahl von Halfies wird zu Jägern, was bedeutet, dass Sie sich ausführlichen Gesprächen darüber unterziehen müssen, ob er sich nun der guten Sache annehmen soll. Und Sie werden auch lange Hasstiraden gegen Vampire zu hören bekommen. Gemein ist jedoch allen Halfies ein beherrschendes Gefühl des Grauens, denn tief im Innern wissen sie, als was sie enden werden. Das macht sie sprunghaft, wertend und oft grausam zu denen, die sie lieben. Ein *Hemophago dimidius* versucht ständig, Menschen von sich fernzuhalten. Es ist traurig zu beobachten, wie ein geliebter Mensch das durchmachen muss, aber immerhin besser als die Alternative.

DER DHAMPIR Wo wir schon beim Thema Vampirjäger sind, dürfen wir auf keinen Fall die Unterart der Halfies vergessen, die nicht erzeugt, sondern in diese Welt geboren wurde: Dhampire. Diese Kinder eines menschlichen Elternteils und eines Vampirs wurden nach der alten Vampirfolklore Osteuropas schon vor langer Zeit zur Jagd auf Vampire eingesetzt.[64] Einer der bekannteren Halbvampire ist die Figur des Blade, der von Hollywood in einen Dhampir verwandelt wurde.[65] Er besitzt die Kräfte der Vampirgat-

---

64 Eine der ältesten Legenden erzählt von einem Dhampir (Draculas Sohn), der sich mit einer Gruppe menschlicher Vampirjäger verbündet, da er eine geistige Verbindung zu dem gejagten Vampir herstellen kann und stark genug ist, um sich gegen den fraglichen Bösewicht zur Wehr zu setzen.

65 Vampirjäger Blade war ursprünglich ein Mann, der in seiner eigenen Comic-Serie tapfer gegen Vampire kämpfte. Erstmals erschien er in *The Tomb of Dracula* des US-Verlags Marvel. Abgesehen davon, dass er verdammt gut aussah und eine Afro-Frisur trug, war sein einziges Hilfsmittel eine grüne Sonnenbrille, durch die er Vampire daran hindern konnte, seine Gedanken zu manipulieren. Aber er war kein Dhampir. Dies änderte sich erst in einem Spiderman-Cartoon (in dem Blade einen Kurzauftritt hatte) und später in seiner Hollywood-Serie.

WARNZEICHEN BEI HALFIES

- Lügen: Wenn Sie einen Halfie beim Lügen ertappen, nichts wie weg. Wer weiß, welche Lügen er Ihnen noch auftischen wird.
- Neues und zwanghaftes Interesse an Menschen, die Ihnen nahestehen: Achten Sie darauf, ob er ständig den Hals von Familienmitgliedern oder Freunden begrapscht oder abknutscht. Wenn ja, dann verschwinden Sie, und nehmen Sie Ihre Familie und Freunde mit.
- Änderung der Ernährungsweise: Aufgepasst, wenn er kein rohes Fleisch und Schweineblut mehr zu sich nimmt.
- Verschwundene Haustiere: seine, Ihre oder die der Nachbarn.
- Abbrechen der Behandlung: Ein Halfie, der seinen Vampirhemmer nicht mehr einnimmt oder wegwirft, geht gar nicht. Der Cocktail ist schwer zu bekommen, und wenn er ihn weggibt, dann nehmen Sie sich in Acht.
- Plötzliche Bewegungen: vor allem das Anpeilen nackter Haut, selbst wenn er sich noch rechtzeitig bremst.
- Beginnende S. F. V. (siehe Glossar).
- Vampirisches Augenleuchten, das sich auch nach vielen Stunden nicht wieder normalisiert hat.

tung, ist aber kein ausgewachsener Blutsauger geworden. Viele Dhampire nutzen ihre einseitig ererbten vampirischen Fähigkeiten, um gegen Ungerechtigkeit, das Böse, Dämonen oder andere Vampire zu kämpfen.

Der Dhampir verfügt über viele der Fähigkeiten und Eigenschaften eines Vollvampirs, wie etwa enorme Stärke, Schnelligkeit und Langlebigkeit (obwohl Dhampire oft sterblich sind, altern sie üblicherweise extrem langsam). Den meisten gelingt es auch, die unangenehmeren Aspekte des Vampirlebens zu umgehen. Zudem können sie sich in der Sonne aufhalten und menschliche Nahrung essen. Vor allem verspüren viele Dhampire nicht das Verlangen nach menschlichem Blut, wenngleich dies nicht für alle gilt. Diese Vorteile führen in Kombination mit ihrer Tendenz zur Selbstjustiz dazu, dass die meisten Vollvampire einen Hass auf Dhampire haben.

VAMPIR ODER PSYCHOTIKER?   Wenn Sie die aufgewühlte Welt der Halfies wirklich verstehen möchten, müssen Sie auch Anzeichen psychischer Labilität deuten können. Nicht jede offenbar unausgeglichene Person befindet sich mitten im Transformationsprozess. Wie bei allen populären Dingen wird es auch hier immer Leute geben, die Fänge simulieren, also nur vorgeben, ein Vampir zu sein. Es ist jedoch wichtig, zwischen einem Faker und jemandem, der wirklich gebissen wurde, unterscheiden zu können, da dies sowohl über Ihr als auch sein Leben entscheiden kann.

In den Medien gibt es zwei klassische und heiß diskutierte Beispiele für eine Psychose nach einem Vampirbiss. Die tragische Geschichte des Peter Loew in *Vampire's Kiss* veranschaulicht die Schwierigkeit, herauszufinden, ob sich jemand tatsächlich in einen Vampir verwandelt oder nur so tut. Ein Überprüfen von Lichtempfindlichkeit, Fangzahnknospen und Aufflammen der Augen kann hilfreich sein, doch mitunter muss man auch psychische

Labilität einkalkulieren, sonst pfählt man am Ende vielleicht versehentlich einen nichtvampirischen, geistig verwirrten Literaturagenten auf dem Fußboden seiner New Yorker Wohnung.

Ein weiterer bemerkenswerter und heiß diskutierter Fall von Vampir kontra Durchgeknallter ist George Romeros Martin. Der fangzahnlose junge Mann (der angeblich über achtzig Jahre alt ist) wirkt vollkommen normal, bis er beginnt, Opfer zu betäuben und ihnen mit Hilfe einer Rasierklinge das

Blut abzuzapfen. Dabei lässt Romero die Frage, ob Martin ein Vertreter der Untoten oder einfach nur ein Mörder ist, völlig offen.

Halten Sie sich im Zweifelsfall fern, und benachrichtigen Sie die Behörden. Lassen Sie sich bloß nicht dazu hinreißen, irgendeiner armen, verwirrten, un-untoten Seele einen Holzpflock durch das Herz zu treiben, sonst haben Sie wahrscheinlich eine Mordanklage am Hals.

Was tun, wenn Sie angebaggert werden?

Der Umgang mit Halfies ist schwierig, und sie haben überhaupt kein Problem damit, Ihre Anteilnahme an ihrer tragischen Notlage auszunutzen. Vergessen Sie aber nicht, dass ein Halfie genau wie ein Vollvampir mit einer Sucht fertig werden muss. Behandeln Sie ihn daher mit der gleichen Umsicht und Zurückhaltung wie jeden anderen Unsterblichen. Sollte Sie ein Halfie ansprechen, ist wahrscheinlich entweder Ihr Blut oder Ihre Hilfe gefragt. Lassen Sie sich aber nicht dazu verleiten, ihn zu umarmen oder sonst irgendwie mit ihm auf Tuchfühlung zu gehen. Ihre warme Haut könnte eine zu große Versuchung für einen hungrigen Neuvampir sein. Bieten Sie ihm jedoch Ihre Hilfe an bei der Suche nach rund um die Uhr geöffneten Metzgereien, einer dunkleren Sonnenbrille und einer Arbeit oder einer Schule, die seiner neuen nachtaktiven Lebensweise besser gerecht wird. Einen Halfie darin zu unterstützen, Frieden mit seinem neuen Leben zu machen, verringert die Wahrscheinlichkeit einer hungerbedingten Attacke.

Bekannte Vertreter
HEMOPHAGO DIMIDIUS

TICKENDE ZEITBOMBE   Dieser arme Trottel ist das perfekte Beispiel für eine schwache Natur im Bann des Bösen. Ob es an seinem unaufhörlichen Hunger oder an seiner Sehnsucht nach seinem Meister liegt, dieser Halfie ist in seinem Schmerz ständig hin- und hergerissen und auf der Suche nach der gnädigen Erlösung von den Untoten.

Bekannte Beispiele
Justin, *The V Word – Blutrausch der Vampire*
Michael, *The Lost Boys*
Caleb Colton, *Near Dark – Die Nacht hat ihren Preis*
Star, *The Lost Boys*
Laddie, *The Lost Boys*
Mina Murray, *Bram Stoker's Dracula*
Corri, *Club Vampire*
Katrina, *John Carpenters Vampire*
Sarah Roberts, *Begierde*

AUF DROGE   Unleidlich und bereit zum Töten werden die meisten Halfies, die in Hollywood den Cocktail einnehmen, Vollstrecker, die nach Rache trachten, während sie Pillen einwerfen und sich im Schatten halten.

Bekannte Beispiele
Nick, *The Forsaken – Die Nacht ist gierig*
Zoey, *Vampires: Los Muertos*
Promise Nottinger, *Nachtgeister*

ELTERN SIND DAS LETZTE: DHAMPIRE   Man kann sich seine Familie nicht aussuchen, und leider wurden diese Vampirkinder in eine Halbblutwelt des Selbsthasses und der Sucht geboren. Meist haben sie aber die besten Eigenschaften ihrer Eltern übernommen wie enorme Kraft und Schnelligkeit, die sie später nutzen, um ihre Familie auszurotten.

Bekannte Beispiele
Blade, *Blade, Blade II, Blade: Trinity*
Murat (Legende)
Renesmee Cullen, *Twilight*-Serie
Nahuel, *Twilight*-Serie
Connor, *Angel* (eine Klasse für sich,
    da er zwei Vampireltern hat, aber selbst kein Vollvampir ist)
Rayne, *BloodRayne*
Grace und Connor Tempest, *Vampirpiraten – Das Herz der Finsternis*
Alexa Charon, *Wechselbalg*
Dimitri Belikov, *Vampire Academy*
Rosemarie Hathaway, *Vampire Academy*
Vladimir Tod, *Vladimir Tod*
Saya, *Blood: Der blonde Vampir*
Dorina Basarab, *Midnight's Daughter*
Nothing, *Verlorene Seelen*

6

DER KINDER-VAMPIR

HEMOPHAGO INFANTILIS

Louis: »Siehst du die alte Frau da?
Das wird dir niemals passieren.
Du wirst niemals alt werden,
und du wirst niemals sterben.«
Claudia: »Das bedeutet aber auch noch
etwas anderes, hab' ich recht?
Dass ich niemals erwachsen werde.«
Interview mit einem Vampir

Nichts ist grauenhafter, als ein echtes Kind der Nacht mit einem vollständig verzerrten Vampirgesicht zu erleben. Diese kleinsten Vertreter der Gattung Vampir sind nicht nur furchterregende Terrorpakete mit einem Heißhunger auf Blut, die aussehen, als würden sie geradewegs vom Schulhof kommen. Auch ist ihre Existenz sowohl für Menschen als auch für Vampire nur schwer erträglich. In einer Sache scheinen wir Unsterblichen und Sterblichen uns einig zu sein: Wir empfinden gegenüber dem *Hemophago infantilis* allgemeines Unbehagen.

Sterbliche Bestürzung über unsterbliche Heranwachsende ist ein verbreitetes Phänomen. Einerseits haben wir Mitleid mit jenen, die kleiner sind als wir und als unschuldig gelten. Andererseits wissen wir, dass sie zum Überleben unser Blut brauchen, und wer weiß schon, ob sich dieses süße kleine Gesicht nicht über eine Arterie hermacht, während wir einschlummern und von unserem frisch adoptierten Vampirkind träumen?

Üblicherweise wird davon ausgegangen, dass der eigentliche Akt der vampirischen Fortpflanzung erfolgt, wenn ein Mensch in eine untote Bestie verwandelt und damit in eine vampirische »Familie« aufgenommen wird.

Deshalb werden Sie mitunter auch hören, dass Vampire ihre Erzeuger Mutter oder Vater nennen oder Erzeugervampire ihre Neuschöpfungen als Kinder bezeichnen. Dieses Verhalten führt zu einer väterlichen oder mütterlichen Beziehung des Erzeugervampirs zu seiner Nachzucht.

Dennoch ist es in der Vampirgesellschaft eigentlich tabu, ein kleines Kind in einen Vampir zu verwandeln, und auch Sterbliche sehen dies nicht gern. Die meisten Vampire halten es für unfair, einem Geschöpf, das vielleicht die Tragweite seiner Handlungen nicht vollkommen versteht, das Leben eines Nightwalkers aufzuzwingen. Sie verstehen, dass es problematisch – und absolut unangenehm – ist, im Körper eines Kindes gefangen zu sein, während der Geist in normaler Geschwindigkeit reift.

Das berühmt-berüchtigte Vampirkind ist Claudia aus der *Chronik der Vampire* von Anne Rice. Das Mädchen wird von dem Vampir Louis aufgelesen und im reifen Alter von fünf Jahren von Lestat in einen Vampir verwandelt. Doch in der Filmadaption von *Interview mit einem Vampir* wurde die Rolle mit der zwölfjährigen Kirsten Dunst besetzt. Ja, es wäre für ein kleineres Kind schwierig gewesen, einen so heiklen Part zu übernehmen. Aber vielleicht, ganz vielleicht war die bloße Vorstellung von einem fünfjährigen Kind, das sich an Blut ergötzt, zu schrecklich, um es zu einer für das Publikum liebenswerten Figur zu machen. Wie es scheint, empfinden sowohl Vampire als auch Menschen diese Kinder der Nacht als grenzwertige Schreckensgestalten.[66]

66 Obwohl in beiden Versionen von *Interview mit einem Vampir* die Pariser Vampire Claudia durch Sonnenlicht umbringen, erfahren wir in dem Roman *Der Vampir Armand*, dass Armand versucht, Claudia den erwachsenen Körper zu geben, den sie sich immer gewünscht hat, indem er ihren Körper gegen den einer erwachsenen Frau austauscht. Sein Motiv? Vielleicht wollte er alles tun, sie von Louis zu entfernen, oder ihm war einfach klar, welche Qualen es bedeutet, als unsterblicher Vampir in einem winzigen Körper ge-

MUTTERPROBLEME

Einer der vielen Gründe, weshalb Vampire sich in Gegenwart von Vampirkindern so schrecklich unwohl fühlen, ist vielleicht der in der Vampirgesellschaft wild wuchernde Ödipuskomplex. Es lässt sich nicht leugnen, dass Vampire ein Mutterthema haben. Weshalb sollte also ein Vertreter der Untoten ein weiteres Kind einem gestörten, völlig verkorksten Leben ausliefern wollen, wo er doch durch die eigene Kindheit bereits selbst völlig traumatisiert ist.

Zurück zum Mutterthema. Anne Rice' Figur Lestat verwandelt seine sterbende Mutter Gabrielle in einen Vampir, und nach einer glücklichen Zeit trennen sie sich schließlich und sprechen hunderte von Jahren nicht mehr miteinander. Auch *Buffys* Spike verwandelt seine Mutter, die seine einzige Freundin ist, in einen Vampir, doch im Zorn wendet sie sich gegen ihn und beschimpft ihn aufs übelste. In dem Film *The Lost Boys* werden die Hauptpersonen Opfer einer Vampirbande, nur weil der Obervampir seiner Familie eine neue Mutter besorgen will. Selbst Werbespots für den Film *Draculas Rückkehr* zeigten eine gruselige Höllenbraut von Frau, die behauptet, Draculas Mutter zu sein. Hier findet sich eine seltsame, gottlose Beziehung, die möglicherweise erklärt, weshalb Vampire sich so davor scheuen, selbst Eltern zu werden.

fangen zu sein. Dennoch lässt dies die Theorie glaubwürdig erscheinen, dass andere Vampire allgemein Unbehagen oder Mitleid gegenüber einem untoten Kind empfingen und viel unternehmen würden, um diese unerfreuliche »Situation« zu ändern.

Die Filmadaption von *Interview mit einem Vampir* ist nicht der einzige Streifen, in dem besorgte Leute mit der Existenz von Vampirkindern hadern. In einem DVD-Kommentar zu *Blade* verrät Autor David Goyer, dass es in dem Film ursprünglich eine Szene gab, in der die Hauptdarstellerin Karen Jenson ein Glas mit einem Vampirbaby entdeckt. Blade und Whistler hielten das Wesen, um Vampirexperimente durchzuführen, doch das Studio schnitt das Material heraus, da man es für zu verstörend hielt, wie wohl alles, was mit Kindervampiren zu tun hat.

Äußere Erkennungsmerkmale
EIN WIRKLICH BÖSES KIND

KLEIDUNG   Was ist das wohl für ein grässliches Leben, das man mit Shoppen in der Kinderabteilung von Kaufhäusern verbringt. Können Sie sich vorstellen, Kleiderbügel für Kleiderbügel mit Oberteilen beiseitezuschieben, geblendet von rosafarbenen Häschen, Blümchen und kleinen Küken? Kein Wunder, dass diese Kinder sich an den Lebenden rächen möchten.

Es gibt zwei verschiedene Arten von Kindervampirkleidung. Die eine ist für diejenigen, die die niemals endende Tortur, gefangen in einem Kinderkörper zu leben, akzeptieren und beschließen, sich entsprechend anzuziehen. Der Vorteil von Kinderkleidung: Sie ist eine gute Tarnung und ein effektives Lockmittel. Ein bezauberndes Kind, das sich verlaufen hat, lockt mühelos arglose Opfer an – Häschen erscheinen da relativ unverdächtig (außer Sie sind ein Rachedämon). Kinder, die nachts in der Gegend herumlaufen, machen uns alle zu hilfsbereiten Samaritern.

Der andere Kleidungsstil imitiert den eines vorpubertären Möchtegern-Erwachsenen. Der Vampir trägt Erwachsenenkleider, da er versucht, sich Älteren optisch anzugleichen. Was zu drei unterschiedlichen Ergebnissen führen kann: er fällt auf wie ein bunter Hund und erhält unerwünschte Aufmerksamkeit durch Ordnungshüter; er zieht die vielleicht erwünschte Aufmerksamkeit eines fiesen Pädophilen auf sich, was für diesen ziemlich grausam enden wird; oder er wird betreten ignoriert und von allen gemieden. So oder so. Sollten Sie ein Kind allein und in Klamotten herumlaufen sehen, die seiner Altersgruppe nicht ganz angemessen sind, dann halten Sie Abstand.

Tafel 7

DER KINDERVAMPIR

A.

B.

C.

D.

E.

F.

Physische Besonderheiten

EWIGES BABYFACE

ALLGEMEINES Kindervampire haben die gleichen Zähne wie ihre Erzeuger. Am wichtigsten aber ist, dass sie körperlich so jung und unreif zu bleiben scheinen, wie sie es bei ihrer Erzeugung waren. Sie sind in der Zeit gefangen oder wachsen vielleicht mit extrem verminderter Geschwindigkeit.

HAUT Aufgrund der Umstände ihrer Entstehung haben diese Kinder meist die bestmöglichen Eigenschaften jedes Reklamekindes. Ihre Pausbacken, ihre schimmernden Augen und ihre makellose samtweiche Haut bleiben ihnen jahrhundertelang erhalten. So wie sich auch ältere Vampire bei ihrer Vampirwerdung oft in die attraktivste Version ihrer selbst verwandeln, verwandeln sich Kindervampire in die hübscheste Version eines Kindes.

Lebensraum

VON DER KRIPPE ZUR GRUFT

Für Vampirkinder ist es extrem schwierig, allein zu leben. Wenn man sie allein beim Auto fahren, einkaufen, umherspazieren oder auf der Jagd entdeckt, kann das einen Anruf beim Jugendamt nach sich ziehen, dem womöglich Hausbesuche und staatliche Maßnahmen folgen. Was also tut *Hemophago infantilis*? Viele Vampirkinder entscheiden sich für Familieneinheiten; oft indem sie Vater und Mutter selbst erzeugen, um ihre eigene gottlose kleine Familie zu gründen. Andere haben Menschen gefunden, denen es nichts ausmacht, ein oder zwei Vampire bei sich aufzunehmen, und sich auf diese Weise mit ihren Blutspendern ein hübsches Zuhause eingerichtet. So oder so. Vampirkinder sollten nicht allein leben und können es oft auch nicht. Wenn Sie also einem obdachlosen Vampirkind begegnen, nehmen Sie sich in Acht. Wie wir schon sagten, gilt es als großes Tabu, ein Vampirkind zu erzeugen. Und sollte derjenige, der dieses Wesen geschaffen hat, nicht in der Nähe sein, können Sie von zwei Dingen ausgehen: Entweder ist der Erzeuger ein blutrünstiger Bastard, der keine Rücksicht darauf nimmt, wen oder was er verspeist, oder der Vampir, der für seine Schöpfung große gesellschaftliche Tabus brechen musste, ist mittlerweile durch die Hand der Vampirregierung oder seiner eigenen kleinen Schöpfung verschieden. In beiden Fällen ist das Fehlen einer Vampirfamilie ein weiteres Warnzeichen. Bestimmt möchten Sie nicht derjenige sein, den sich der kleine *Hemophago infantilis* als Familienersatz aussucht.

LIEBLINGSPLÄTZE   Auch wenn Vampirkinder innerlich altern, suchen sie weiterhin gern ihre Lieblingsplätze auf wie Spielzeuggeschäfte, Spielplätze, Spätvorstellungen im Puppentheater und andere kinderfreundliche Orte. Zum einen können sich Kindervampire dort geschützt und akzeptiert fühlen. Zum anderen versprechen kindgerechte Plätze leichte Beute. Nicht, dass die Jagd so schwierig wäre. Es würde reichen, sich einfach mitten auf die Straße zu legen. Ein Kind in Not zieht immer arglose Gutmenschen an.[67]

---

67 Diese Methode wird am effektivsten von dem Kindervampir in *Near Dark – Die Nacht hat ihren Preis* eingesetzt. Er wirft einfach ein Rad auf die Straße, setzt sich und wartet. Das Essen wird schon kommen. Dieser Film zeigt auch die Dynamik, die entsteht, wenn man ein Kind verwandelt, als Homer sagt: »Ihr habt ja alle überhaupt keine Ahnung, was für 'n beschissenes Gefühl das ist, innen wie ein Mann zu sein, aber wie ein Kind auszusehen.« Worauf sein Mitvampir Severen erwidert: »Hast du 'ne Ahnung, was es bedeutet, sich das jeden Abend anhören zu müssen?« Beiderseitiger Groll ist da praktisch vorprogrammiert.

Andere seltsame Orte, an denen man möglicherweise über Kindervampire stolpert, sind Abendschulen. Nur weil ein Kindervampir in einem so frühen Alter erzeugt wurde, bedeutet dies nicht, dass er überhaupt nicht mehr zur Schule geht. Im Gegenteil. Viele Vertreter von *Hemophago infantilis* setzen ihre Ausbildung jahrelang fort und werden perfekte Künstler, Musiker oder Gelehrte. Die Bibliothek ist nicht gerade ein geselliger Ort, und ein Kindervampir kann dort problemlos endlose Stunden verbringen, ohne aufzufallen. Wo Geld keine Rolle spielt, stellt zudem ein gut bezahlter Privatlehrer selten viele Fragen über Alter und Familie. Oft wird das Kind einfach als Kuriosität oder Wunderkind betrachtet, wenn es beginnt, sich richtig hervorzutun.

Paranormale Fähigkeiten
BEGABTER, ALS SIE AUSSEHEN

Zudem sind einige der jüngeren Vampire auch mit einer Palette an paranormalen Annehmlichkeiten gesegnet. Es ist bekannt, dass sie Gedanken lesen und Menschen in Trance versetzen können. Einige vermögen sogar Gedanken in die Köpfe anderer hineinzuprojizieren. Dies sind ein paar der kleinen Segnungen dafür, dass man ein untotes Kind der Nacht wird. Tatsächlich werden viele Vampire, die zu ewiger Kindheit verdammt sind, von anderen Vampiren, dem Schicksal oder den Umständen wegen dieser Fähigkeiten ausgesucht. Die Vampirwerdung verstärkt ihre Kräfte lediglich. Wiederum gilt dies nur für einige, aber nicht für alle. Manche Kinder tauchen einfach zur falschen Zeit am falschen Ort auf.

Verhalten

IN JEDEM ALTER EIN BALG

Kindervampire sind nervtötende, unheimliche Wesen, die ihren bösartigen Charme jederzeit gegen Sie richten können. Was selbst die Welt abseits der untoten Besessenen weiß. Sie sind ein Desaster, das nur darauf wartet, dass es passiert. Während ihre Körper in dem Alter gefangen sind, in dem sie gewandelt wurden, reift ihr Geist ständig weiter. Doch wie viele Jahre auch vergehen mögen, sie werden ewig als Kinder betrachtet, selbst von vermeintlichen Altersgenossen. Was ausreicht, bei Kindervampiren Stürme unberechenbaren Zorns zu entfachen. Sie sollten nie mit einem Kindervampir streiten oder versuchen einen Kindervampir, der trübsinniger als der durchschnittliche *Hemophago infantilis* ist, aufzuheitern. Sonst sind Ihre Beine am Ende höchstwahrscheinlich mit Bissspuren übersät.

Was tun, wenn Sie angebaggert werden?

Einer Auseinandersetzung mit einem Kindervampir heil zu entkommen, ist schwierig. Es spricht verdammt viel gegen Sie. Erstens: Was, wenn Sie sich irren, und Ihr winziger Gegner ist sterblich? Herzlichen Glückwunsch! Sie haben gerade ein Kind verdroschen und wandern ins Gefängnis. Aber selbst wenn Sie richtig liegen. Sollten Sie von einem ignoranten barmherzigen Samariter, der zufällig vorbeikommt, entdeckt werden, riskieren Sie eine Störung, die dem Kindchen die perfekte Gelegenheit gibt, zu türmen oder die Oberhand zu gewinnen – sollten Sie einem winzigen Vampir begegnen, halten Sie am besten möglichst viel Abstand.

Die größten Handicaps des Kindervampirs sind seine geringe Größe und seine kurzen Extremitäten. Er muss eine Möglichkeit finden, Sie in Angriffsweite zu locken. Was leicht zu erreichen ist, indem er sein Opfer dazu verleitet, ihm beim Tragen zu helfen, ihm nach einem Sturz behilflich zu sein oder ihn einfach zu trösten – wer kann schon einem kleinen Kind mit tränengefüllten Augen und wunderschöner Haut, das sich verlaufen hat, widerstehen? Aber in dem Moment, wo Sie in Reichweite sind, wird es Sie auch schon zwischen seinen Stahlkiefern eingeklemmt haben.

Bekannte Vertreter
HEMOPHAGO INFANTILIS

DER WILDFANG   Ein bedauerlicher Nebeneffekt der Verwandlung in einen Kindervampir ist sein allgemeiner Mangel an Willensstärke und seine bleibende kleine Statur. Injizieren Sie eine Erwachsenendosis Vampir-DNA in einen Kinderkörper, gepaart mit fehlender Selbstbeherrschung, und Sie haben eine unbeirrbare Fressmaschine geschaffen. Sie wird alles Essbare töten, das ihr über den Weg läuft. Essen und Befriedigung der eigenen Bedürfnisse sind die wichtigsten Ziele in ihrem Leben.

Bekannte Beispiele
Lenny, *The Hamiltons*
Danny Glick, *Salem's Lot – Brennen muss Salem*
Kleines Vampirmädchen, 30 *Days of Night*

JUNGER KÖRPER, ALTER GEIST   Nicht ganz so ungestüm wie der »Wildfang«. Dieser Vampir verbirgt hinter seinem Engelsgesichtchen und seinem zarten Lächeln uraltes Wissen und leidet zudem häufig an massiven Minderwertigkeitskomplexen. Er lebt schon viele Jahre, manchmal Jahrhunderte, und in dieser Zeit hat sich das Mistkerlchen zu einem Meister im Ma-

WARNZEICHEN FÜR EINEN KINDERVAMPIR

- Das Kind spricht in grammatikalisch korrekten, vollständigen Sätzen.
- Es verbessert ständig Ihre grauenhafte Grammatik.
- Mitunter hören Sie den Vampir etwas altmodische Ausdrücke benutzen wie etwa »Menschenskind!« oder »Herrjemine!«.
- Für sein scheinbares Alter verfügt er einfach über zu viele Geschichtskenntnisse.
- Umgekehrt ist das Kerlchen der Meinung, dass Sie keine Ahnung von Geschichte haben, und belehrt Sie über die Vergangenheit, als hätte es sie selbst erlebt.
- Das Kind genehmigt sich hin und wieder harte Sachen.
- Es ist in einer ganzen Reihe von Hobbys, für deren Beherrschung ein Sterblicher Jahre brauchen würde, unglaublich geschickt.
- Sie stellen schockiert fest, dass dieses Kind anscheinend erheblich reifer und klüger ist als Sie.
- Es spricht »versehentlich« über die Vergangenheit, als sei es selbst dabei gewesen, und spielt die Sache dann herunter.
- Das Kind weiß nicht, wo sich die örtliche Schule befindet.
- Es hat keine gleichaltrigen Freunde.
- Es besitzt weder eine Schultasche noch andere Schulsachen und hat fatalerweise keine Ahnung von Netzjargon oder irgendeiner anderen Art Kinderslang.
- Das Kind trägt Kleidung, die für seine Familie oder seinen Lebensstil viel zu teuer ist.
- Das Kind lacht Sie verächtlich aus, wenn Sie versuchen, mit ihm eine seinem Alter angemessene Unterhaltung zu führen.

nipulieren und Morden entwickelt. Einige dieser Vampire sind gut, andere böse, aber alle sind cleverer, als sie aussehen, und zu Recht ziemlich furchterregend.

Bestimmten Vertretern dieser Spezies sollte besondere Aufmerksamkeit geschenkt werden. Häufig werden Kindervampire im Zuge eines geistigen Rituals erzeugt, was ihnen einen üblen, geradezu gottähnlichen Status verleihen kann. Einige junge Vampire sind tatsächlich megaböse Reinkarnationen uralter Fieslinge, denn aus irgendeinem Grund halten es die gottlosen Mächte für besonders schlau, wie ein unauffälliger Jugendlicher zu erscheinen. Dank des Mitleids, das sie bei Vampiren und Menschen gleichermaßen wecken können, können besonders clevere Kindervampire Jahrhunderte überleben. Oft bekommen sie beim Älterwerden große Macht und steigen in die oberen Ränge der Vampirgesellschaft auf. In diesem Fall müssen sie in kräftige Bodyguards investieren, um eine mögliche Meuterei zu verhindern.

Bekannte Beispiele

Claudia, *Chronik der Vampire*

Eli, *So finster die Nacht*

Divia, *Nick Knight – der Vampircop*

Homer, *Near Dark – Die Nacht hat ihren Preis*

Der Gesalbte (Collin), *Buffy – Im Bann der Dämonen*

Charlotte, *Blade – Die Jagd geht weiter*

SÜSSE KLEINE DINGER Diese Geschöpfe sind eher selten. Sie benehmen sich tatsächlich wie Kinder und leben praktisch stressfrei. Sie töten nicht, und sie tun niemandem weh. Diese Gruppe kommt normalen Kindern so nahe, wie es für Vampire möglich ist. Bedauerlicherweise finden abgebrühte Blutsauger sie nur schwer erträglich und umgekehrt. In den Medien sieht man sie meist in Cartoons, Sitcoms und Disneyfilmen. Aber harmlos sind sie deswegen nicht, denn sie besitzen immer noch zwei Fangzähne, die nach Blut lechzen.

Bekannte Beispiele
Gabrielle, *Charby the Vampirate*
Shori, *Fledgling*
Rüdiger von Schlotterstein, *Der kleine Vampir*

EINFACH NUR KIND Leider gibt es in der Welt der Kindervampire einige arme Kreaturen, die sich nie vollständig verwandeln und in diesem Schwebezustand als Helfer oder Lakaien leben. Obwohl sie mit Gelüsten kämpfen und zwischen zwei Welten hin- und hergerissen scheinen, sind sie hauptsächlich kleine Kinder, die (sehr langsam) altern werden, bis sie ihrem fleischlichen Verlangen nach Blut erliegen. Mehr darüber in Kapitel 5.

Bekannte Beispiele
Laddie, *The Lost Boys*
Darren Shan, *Darren Shan*

DER GESELLIGE VAMPIR

HEMOPHAGO SOCIABILIS

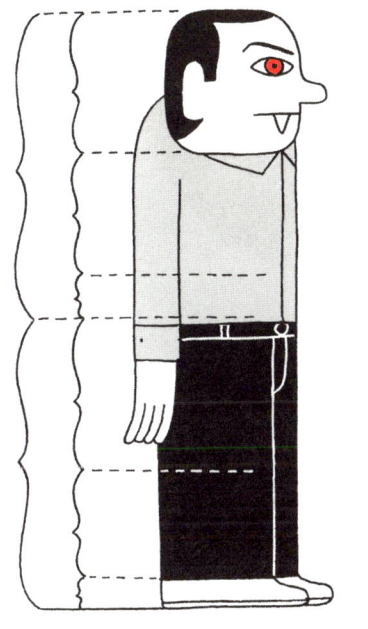
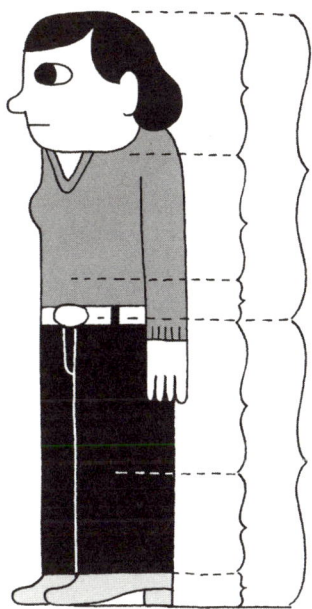

Du musst zu uns gehören.
David, *The Lost Boys*

Der Weg des Untoten kann einsam sein. Obwohl sich viele Vampire für ein Dasein als Einzelgänger entscheiden, gibt es eine Menge, die Trost bei Ihresgleichen suchen. Um sicherzustellen, dass Sie dem schwarzen Schatten des Vampirs stets einen Schritt voraus sind, ist es wichtig, nicht nur über die zahlreichen Nosferatuvarianten informiert zu sein, sondern auch die soziale Hierarchie innerhalb eines Vampirclans zu kennen.

Nomaden

Die vermutlich gewalttätigste Schar unter den Vampiren sind die »Nomads«. Diese und ähnliche Banden ziehen von Stadt zu Stadt und hinterlassen in ihrem Kielwasser höllisches Chaos. Es ist ihnen völlig egal, wen sie sich zum Abendessen abgreifen, und sie geben sich keinerlei Mühe, nicht aufzufallen. Die riesigen Weiten unbesiedelten Landes in Amerika und die Angewohnheit dort lebender Kleinstädter, sich abzuschotten, verschaffen diesen Kerlen relative Sicherheit. Zudem bleiben sie aber ohnehin selten lange an einem Ort.[68] Gleichwohl sind sie meist die ersten, die Vampirvernichtungsmaßnahmen zum Opfer fallen, da letztlich ihre wilde, unverfrorene Lebensweise Jäger rasch auf ihre Spur bringt. Ihr Wanderleben erlaubt es dieser Bande nicht, vernünftige Abwehr- und Verteidigungsstrategien zu entwickeln, da sie nichts als ihre Kleider, die sie am Leib trägt, besitzt und gewöhnlich lieber ausweicht als angreift. Obwohl sie recht verwundbar ist, geht dennoch Gefahr von ihr aus. Halten Sie sich daher grundsätzlich von allen seltsamen, neuen Gesichtern, die mitten in der Nacht in einem einsamen Kuhkaff auftauchen, fern.

---

68 *Vampires: Los Muertos* und *The Forsaken* sind zwei gute Beispiele für Vampire, die sich in heruntergekommenen Städten einnisten, um abzutauchen.

DER GESELLIGE VAMPIR

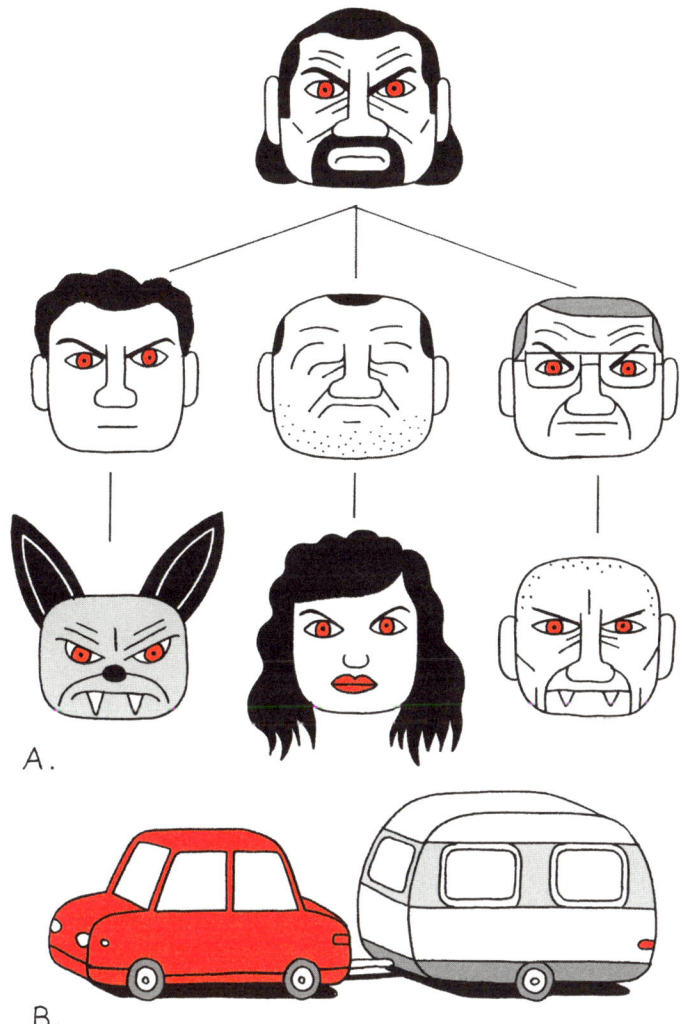

A.

B.

Harems

Einige Vampire tun es Dracula nach und umgeben sich ständig mit einer kleinen Familie. Nun bedeutet die Vampirdefinition von Familie nicht unbedingt eine Lebensweise wie in *Interview mit einem Vampir*, die an *My Two Unholy Dads* erinnert. Bei der üblicheren Darstellung der Vampirfamilie gibt es einen Haushaltsvorstandsvampir mit einem kleinen, aber liebevollen Harem aus Bräuten und/oder Bräutigamen.[69] Die Aufgabe des Harems besteht vor allem darin, den Wünschen und Anweisungen des Meisters zu entsprechen. Die Mitglieder müssen stets sexy aussehen, den Meister beglücken (was selbstverständlich ist) oder Hausgäste unterhalten. Die übernatürliche Welt des Nosferatu ist jeglicher Art sexueller Vorlieben gegenüber besonders offen und tolerant. Tatsächlich haben die Vampire der Popkultur den Antrag auf Gleichberechtigung der Geschlechter bereits eingebracht, lange bevor es in Hollywood bei Werwölfen und anderen übernatürlichen Wesen in Mode kam, sich in dieser Sache zu engagieren.[70]

Üblicherweise ist der Älteste in der Gruppe Haushaltsvorstand und zugleich derjenige, der über Leben und Tod entscheidet und wer in den Harem aufgenommen wird. Er hat in praktisch allen Dingen, die der Harem tut, das letzte Wort, ob gesungen wird (*Dracula – tot aber glücklich*) oder die Familie sich kleine Höllenbabys zulegt (*Van Helsing*).

69 In der Popkultur breiten sich Vampirharems geradezu epidemisch aus, etwa in *Van Helsing*, *Dracula – tot aber glücklich*, *Bram Stoker's Dracula*, *Gruft der Vampire* und *Lesbian Vampire Killers*.
70 Die 1872 veröffentlichte Erzählung *Carmilla* handelt von einem lesbischen Vampir, und sie gilt immer noch als bahnbrechend für die sexuelle Revolution.

Kultivierte Kreise

Weiter oben in der Vampirhierarchie stehen Eliteorganisationen mit den Vampiren, die schon immer über Geld verfügten oder klug investiert haben und nun in einer veritablen Kommune mit eigenen Gesetzen und Vorschriften leben können. Oft bilden die Geschäfte dieser Gruppe, die große Unternehmen betreibt oder besitzt, einen wesentlichen Bestandteil der menschlichen Wirtschaft.[71] Diese Vampire besitzen von allem nur das Beste – Kleider, Häuser, Werkzeuge und alle anderen Dinge. Doch das Leben mit diesen Arbeitstieren bedeutet, dass man ständig Besprechungen hat, finstere Pläne schmiedet und Strategien entwickelt – und oft wenig Zeit außerhalb des Sitzungszimmers verbringt.[72]

Vampirelite

Zu dem Regierungssystem der Vampire gehören die Ältesten, die Uralten, die Höchsten der Hohen und die geachteten Gesetzesmacher und Strafvollzieher. Die meisten Ältesten leben mit ihren Sklaven und Helfern unabhängig voneinander und kommen nur im Ernstfall zusammen. Dennoch sind sie die höchsten und mächtigsten Mitglieder der Vampirgesellschaft, verfügen über großes Wissen und führen ein Leben in Luxus.

Abhängig von der Blutlinie unterscheiden sich die Regierungssysteme der

---

71   Einige bekannte Beispiele sind Ziodex Industries (synthetisches Blut, *Underworld*), die Denham Corporation (*Dracula braucht frisches Blut*), Berm-Tech Industries (Telefongesellschaft, *Netherbeast Incorporated*) und Russell Winter Enterprises (*Angel*).
72   Siehe die Vampirserien *Blue Bloods*, *Underworld*, *Chronik der Vampire* und die Familie Cullen in *Twilight*.

Vampire. So werden etwa in der *Blade*-Serie die Vampire von einer Elitegruppe alter Reinblüter (sie wurden als Vampire geboren) regiert. Eine Stufe unter ihnen stehen die Vampire, die erzeugt, das heißt gebissen wurden (und niemals einen Platz am Tisch der Ältesten bekommen werden). Da aber die Zahl der Reinblüter im Laufe der Jahrhunderte zurückging, verwundert es nicht, dass es zu einem Aufstand kommt.

Viele Vampirregierungen werden ähnlich geführt wie in *Blade*. Die Ältesten sorgen für die Jüngsten, da sie über Erfahrung und Know-how verfügen. Natürlich gehen manche Gesellschaften offener damit um, »gebissene« Vampire an Entscheidungen zu beteiligen. So besitzen die Vampire von Anne Rice ein recht gutes System der Gewaltenteilung. Nur weil man ein alter Vampir (Akasha) ist, bedeutet dies noch lange nicht, dass man alles weiß und auf der ganzen Welt die Beziehung zwischen Menschen und Vampiren diktieren kann.

Doch unabhängig von seiner Funktionsweise wird das System in den meisten Fällen von einer Ältestengruppe kontrolliert, während der Haushaltsvorstand sich um die häuslichen Angelegenheiten kümmert.

Die Hierarchie eines Vampirclans

Um die Eigentümlichkeiten der persönlichen Welt eines Vampirs noch besser verstehen zu können, haben wir den strukturellen Aufbau einer Vampirgruppe, wie man ihn häufig bei nomadisierenden Banden und kleinen Gangs findet, analysiert.

DER CHEF Gewöhnlich neigt jeder Anführer einer Vampirgang dazu, mit Bedrohungen wie mit Macht gleichermaßen nachlässig umzugehen. Dies lässt ihn zwar mitunter unberechenbar, kaltschnäuzig oder grausam erscheinen, aber stets charismatisch. Da er sich an die Spitze kämpfen konnte, muss er einen gewissen Charme besitzen, selbst wenn dieser nur bei den Untoten ankommt. Dennoch bringen es nicht nur Blutorgiasten und Fledermäuse bis an die Spitze. Und ganz sicher wird es wenigstens zwei oder drei Mitglieder im Clan geben, die auf den Chefsessel scharf sind. Da dies häufig zu Untreue führt und der Boss hinter jeder Ecke Verrat wittert, ist er oft besonders grausam und etwas paranoid. Andererseits hat er zahlreiche Vorteile: Dem Boss fallen bei jedem Unternehmen als erstem Ruhm und Beute – sowohl was Sachwerte als auch Menschen betrifft – zu, wobei er häufig das beste sterbliche Opfer beansprucht. Obwohl er in seiner Funktion als Chef mit einer riesigen Zielscheibe auf dem Rücken herumläuft, sind seine Überlebenschancen gar nicht so schlecht. Selbst nach besonders brutalen Schlägereien und Attentatsversuchen findet er oft irgendwie an die Spitze zurück (auch wenn dies oft sehr mühsam ist).

Überlebenschance: 7 zu 10

Beispiele: David, *The Lost Boys*; Kit, *The Forsaken – Die Nacht ist gierig*; Marlow, *30 Days of Night* (auf Vampirart in einer Weise charmant, die wir Menschen nicht verstehen)

DER STELLVERTRETER Auf dem engsten Berater des Chefs, der »Nummer zwei«, lasten die täglichen Geschäfte des Vampirclans. Was aber nicht heißt, dass er der Lakai des Chefs ist. Ganz im Gegenteil: Um sich als potentieller Nachfolger des Chefs zu beweisen, muss der Stellvertretervampir konsequent logisch agieren und häufig die Stimme der Vernunft sein, wenn die Spannungen zu groß werden. Wohl wahr, dass Nummer zwei oft die Gefühlsausbrüche des Chefs ausbaden muss, aber üblicherweise revanchiert er sich, indem er die Süße vom Boss vögelt oder sogar mit den übrigen Mitgliedern heimlich einen ausgewachsenen Aufstand plant. Sollte sein doppeltes Spiel allerdings auffliegen, ist ihm eine rasche und schmerzhafte Verabschiedung aus seinem Arbeitsverhältnis – und seiner Existenz – gewiss.

Überlebenschance: 8 zu 10

Beispiele: Kraven, *Underworld*; Amilyn, *Buffy, der Vampirkiller*

DER KOMIKER   Sie möchten aus den unteren Rängen eines Clans aufsteigen? Dann geben Sie den Komiker. Wenn Sie nur etwas interessanter werden als der Schläger oder ein einfacher Fußsoldat, erhöht dies Ihre Überlebenschancen. Okay, Sie müssen sich vielleicht die eine oder andere nervige Redensart aneignen und darauf gefasst sein, auch bei den übelsten Witzen Ihres Chefs in hysterisches Gelächter ausbrechen zu müssen, aber wenigstens werden Sie dann nur Hilfsarbeiten verrichten, wie etwa Witze und vielleicht ein paar Menschen zu reißen. Dem Komiker schadet es auch nicht, wenn er sich verletzt oder etwas anders als der Rest der Gruppe kleidet, da er sich dadurch noch besser abhebt. Leider ist die Überlebenschance des Komikers geringer, eben weil er häufig heraussticht. Dennoch hat er eine höhere Position im Clan inne als die Muskelmänner, und er muss auch kein großer Denker sein, sondern sich bloß unerträglich benehmen können.

Überlebenschance: 6 zu 10

Beispiele: Pen, *The Forsaken – Die Nacht ist gierig*; Santiago, *Chronik der Vampire*

DIE AUGENWEIDE   Ein wichtiger Teil jedes Clans ist die Augenweide. Sie ist das attraktivste Mitglied der Gruppe und kann zwei unterschiedliche Rollen haben, nämlich entweder ziemlich nutzlos oder ziemlich tödlich zu sein. Beides ist unterhaltsam, aber »ziemlich nutzlos« hat die etwas besseren Überlebenschancen, weil sie üblicherweise nicht an Kämpfen beteiligt ist. »Ziemlich tödlich« ist die Geheimwaffe des Clans. Sie ist ein Killer und zudem eine heiße Nummer, so dass sie Angreifer unvorsichtig werden lässt. »Ziemlich nutzlos« ist hauptsächlich dazu da, ihre Rolle als Augenweide zu spielen. Aber beide müssen stets und ständig gut aussehen. Schließlich ist es ihre Aufgabe, dafür zu sorgen, dass die Gruppe immer den Anschein wahrt. Denken Sie an Star in *The Lost Boys*. Sie macht eigentlich nicht viel mehr, als allen zu sagen, was sie ohnehin schon wissen, wobei man ihr aber stundenlang zuschauen kann. Möglicherweise hat Augenweide eine Affäre mit Nummer zwei, aber außer gut auszusehen besteht ihre zweite Aufgabe darin, den Boss bei Laune zu halten. Sollten Sie jemals zufällig einer Bande Vampire begegnen, ist die anscheinend talentfreie Augenweide Ihre größte Chance, eine Verbündete zu gewinnen, falls Sie sonst nichts zu bieten haben (möglicherweise können Sie Nummer zwei beeindrucken, die es gewöhnlich immer auf eine feindliche Übernahme der Gruppe abgesehen hat).

Überlebenschancen: 6 zu 10

Beispiele: Star, *The Lost Boys*; Mae, *Near Dark – Die Nacht hat ihren Preis*; Harmony, *Buffy – Im Bann der Dämonen*; Cym, *The Forsaken – Die Nacht ist gierig*; Santanico Pandemonium, *From Dusk Till Dawn*; die zahlreichen Inkarnationen von Draculas Bräuten

DER VERSTÖRTE AUSSENSEITER Keine Gruppe wäre komplett ohne die in Selbsthass versinkende Heulsuse, die dazwischen hin- und hergerissen ist, bei Tage die Kollegen um die Ecke zu bringen oder den Pflock gegen sich selbst zu richten. Häufig handelt es sich bei dem gestörten Außenseiter um einen frisch gewandelten Vampir oder um einen Halfie, der noch mit der

Transformation vom Menschen zum Vampir kämpft. Stellen Sie sich darauf ein, dass dieser Typ tagtäglich mit einer Jammermiene herumschlurft und ständig über die Tatsachen des Vampirlebens lamentiert. Letztlich wird dieses Weichei oft für die Vernichtung der ganzen Gruppe verantwortlich sein, weil er entweder versucht, seinem Vampirdilemma zu entkommen, oder die Gruppe verrät, um sich anderswo einen Vorteil zu verschaffen.

Überlebenschancen: 8 zu 10
Beispiele: Caleb Colton, *Near Dark – Die Nacht hat ihren Preis*; Michael, *The Lost Boys*

DAS SUPERHIRN Jede Gruppe braucht einen besserwisserischen Wissenschaftler oder Gelehrten (oder zumindest jemanden, der durch die Gegend rennt und so tut, als wäre er Einstein). Diesem Mitglied sollte nicht erlaubt werden, weitreichende Entscheidungen für die Gruppe zu treffen, doch wenn es darum geht, eine bessere Werwolfkugel zu erfinden oder das synthetische Blut etwas aufzupeppen, dann ist er Ihr untoter Mann. Superhirne meiden üblicherweise Ärger und überleben Blutbäder häufig, weil sie sich gewöhnlich nicht an körperlichen Auseinandersetzungen beteiligen.

Überlebenschancen: 8 zu 10
Beispiel: Logan Griffin, *Moonlight*

DER SCHLÄGER Schlägervampire bilden innerhalb eines Clans eine seltsame Untergruppe. Diese »Knechte« müssen nicht zwangsläufig groß und kräftig aussehen, um brutale Vollstrecker zu sein. Tatsächlich ist es bei einigen der furchterregendsten Vampire der Popkultur allein ihre zutiefst gestörte Psyche, die Menschen einschüchtert und Angst einjagt. Wer braucht Linebacker-Schultern, wenn er kein Problem damit hat, jemandem vor einem ganzen Raum voller Menschen den Hals aufzureißen? Leider haben jene, die sich blindlings in den ultimativen Kampf stürzen, beschissene Überlebensraten, aber in der Mehrzahl der Fälle treten sie von einem Glorienschein umgeben ab.

Überlebenschancen: 5 zu 10
Beispiele: Reinhardt, *Blade II*; Jarko Grimwood, *Blade Trinity*

DER FUSSSOLDAT   Diese gesichtslose Drohne erfüllt dem Rest der Gruppe seine Wünsche. Sollten Sie feststellen, dass niemand in Ihrem Clan etwas über Sie weiß, geschweige denn Ihren Namen kennt, sind Sie höchstwahrscheinlich ein Fußsoldat und nur eine Handbreit davon entfernt, auf einem Himmelsfahrtskommando zu sterben.

Überlebenschancen: 1 zu 10
Beispiele: Niemand kann von uns erwarten, dass wir uns an die Namen dieser glücklosen Gestalten erinnern, oder? Letztlich sind sie nichts als Fängefutter.

 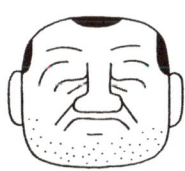 

8

UMGANG MIT UNTOTEN

TIPPS FÜR DEN ALLTAG

Ich bin nie einem Vampir persönlich begegnet,
aber ich weiß nicht, was vielleicht morgen geschieht.
Bela Lugosi

Da Sie nun die verschiedenen Spezies der Vampirgattung kennen, ist es an der Zeit, dass Sie Ihr Wissen praktisch anwenden. Es ist nur eine Frage der Zeit, bis Ihnen ein Vertreter der Unsterblichen auf den Zahn fühlen wird, denn letztlich ist die untote Welt ein Dorf.

Nachfolgend sind einige häufig eintretende Situationen dargestellt und wie man angemessen auf sie reagiert. Was Ihnen dabei helfen sollte, Ihre Welt und die der Untoten unter einen Hut zu bringen.

Interventionsmaßnahmen

WENN JEMAND TODESSEHNSÜCHTE HEGT

Wie hoch sich die Leichenberge auch auftürmen mögen, es wird immer eine bedauernswerte Person in Ihrem Leben geben, die nicht wirklich begreift, was es heißt, sich mit Vampiren abzugeben. Zu viele Leute fallen darauf herein, dass die Medien das Vampirleben als einen Lifestyle darstellen, bei dem man tagsüber nur schläft und die ganze Nacht Party macht.

Sollte eine Ihnen nahestehende Person den Kindern der Nacht verfallen, helfen Sie ihr am besten, wenn Sie ihr einen detaillierten Interventionsplan anbieten. Nehmen Sie diese Sache nicht auf die leichte Schulter. Sie erfordert Planung, Geduld und beträchtlichen Einsatz. Folgende Maßnahmen werden Ihre geliebte Person hoffentlich vom blutigen Weg abbringen.

INFORMIEREN SIE SICH   Wenn Sie auf eine Person zugehen wollen, die auf dem besten Wege ist, ein Vampir zu werden, müssen Sie sich zunächst einmal mit den Fakten vertraut machen. Finden Sie möglichst viel über den Typ des Vampirs heraus, mit dem die besagte Person sich zwanghaft beschäftigt. Machen Sie sich die Motive der Zielperson bewusst.

- Ist sie eine untote Beziehung eingegangen und im Glauben, dass ihre eigene Wandlung die Liebe zu einem neuen Höhepunkt bringt?
- Hat sie eine Beziehung zu einem Big Bad und sehnt sie sich nun nach einer Chance, in seine grässliche Gang einzusteigen?
- Wurde ein ihr nahestehender Mensch kürzlich gewandelt?
- Handelt es sich um eine Flucht aus misslichen Lebensumständen?
- Mit welcher Blutlinie möchte sie ihre Adern verbinden?

UMGANG MIT UNTOTEN

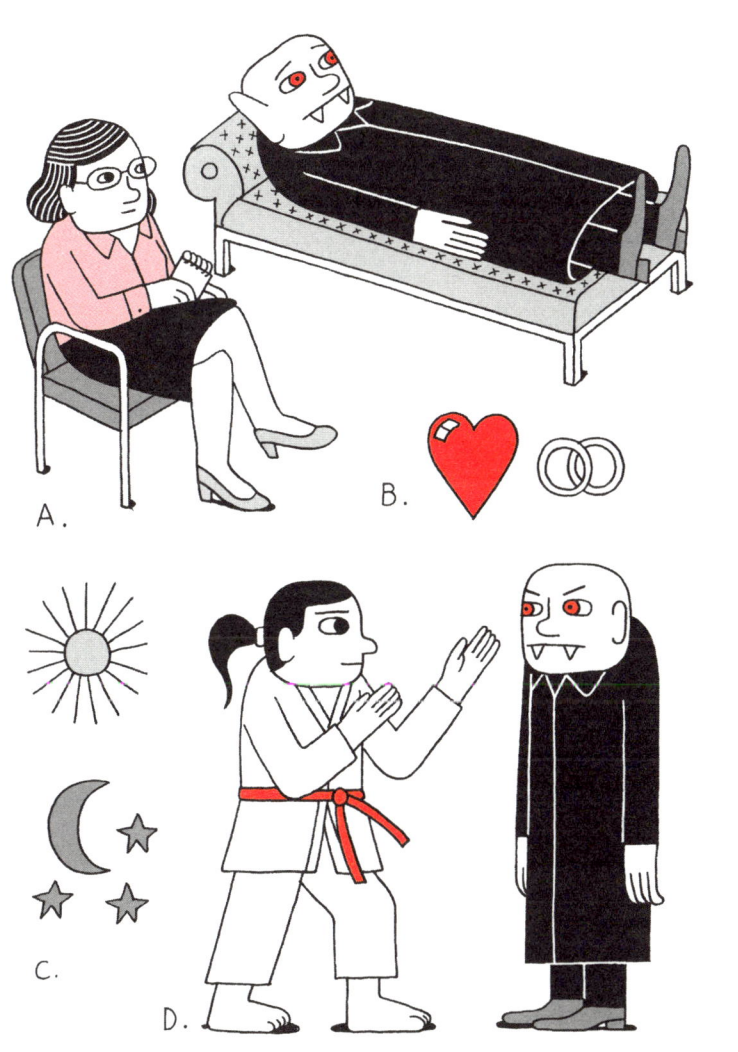

A.

B.

C.

D.

Sämtliche Fragen dieser Art müssen Sie kompetent beantworten können, um auf die bestehende Sterblichkeitsgefahr der Zielperson angemessen zu reagieren. Ist die betreffende Person beispielsweise dem Liebeszauber eines Romantischen Vampirs erlegen, müssen Sie an die Sache anders herangehen. Weshalb sucht die Person in gefährlichen Situationen nach Liebe? Vielleicht sollten Sie eine Beziehungstherapeutin hinzuziehen und sie über frühere emotionale Probleme der Zielperson informieren.

Falls Ihre geliebte Person unbedingt das Blut eines Big Bad schlürfen möchte, ist sie möglicherweise einem Nosferatu hörig. In diesem Fall ist nicht nur ein Interventionsplan notwendig, sondern Sie müssen auch ein wirksames Ritual zum Brechen des Zaubers finden, das die Verbindung zwischen Opfer und Anbieter trennt.

Sollte die fragliche Person dem Unsterblichen nach dem Leben trachten, weil ein ihr nahestehender Mensch gewandelt wurde, ist ihr Kummer verständlich. Je nach Vampirtypus, in den sich der geliebte Mensch verwandelt hat, bieten sich verschiedene Optionen an. Ist er zu einer hirnlosen Tötungsmaschine geworden, sollten Sie vielleicht einen Vampirexperten hinzuziehen, um sein jetziges Verhalten zu dokumentieren und den gramerfüllten Trauernden darüber zu informieren. Sofern Sie Situation und Umstände im Griff haben, spricht vielleicht auch nichts gegen eine überwachte Exkursion zu dem neuen Aufenthaltsort des Verdammten. Obwohl es das Herz zerreißen kann, zu erleben, wie jemand der seelenlosen Hülle seines einstmals vertrauten Gefährten gegenübertritt, wird der Hinterbliebene vielleicht seine Meinung ändern, wenn er diese geliebte Person einen Liter Blut aufschlecken sieht. Sollte er allerdings vorhaben, das untote Leben seines gewandelten Liebsten zu teilen, kann es sinnvoll sein, ihn physisch aus der Umgebung zu entfernen und direkt bei dem Gewandelten zu intervenieren. Abgesehen von absolut gefühllosen Exemplaren, ziehen es alle Vampire vor, denen, die ihnen besonders nahe stehen, ihr eigenes Schicksal zu ersparen, selbst wenn dies bedeuten sollte, sie für immer zu verlieren. (Außer es handelt sich um einen Romantischen Vampir. Er wird symbolischen Widerstand leisten, sich dann aber vermutlich den Wünschen seiner sterblichen Gefährtin fügen, vor allem wenn das Leben der sterblichen Gefährtin auf dem Spiel steht, was häufig der Fall ist.)

Wichtig ist auch, die Blutlinie des Vampirs herauszufinden, dem das Opfer verfallen ist. Eine Wandlung durch einen sehr alten Vampir kommt zwar nur selten vor, würde dem Opfer aber unbegrenzte Fähigkeiten verleihen (was bei einer Wandlung durch einen geschwächten halbblütigen Vampir nicht passiert). Diese Information ist von großer Bedeutung, denn in diesem Fall müssen Sie Ihr Beweismaterial sorgfältiger sammeln, um auf die Nachteile hinweisen zu können, die eine Verbindung mit solch einer alten Linie mit sich bringt (etwa dass es nicht mehr möglich sein wird, tagsüber nach draußen zu gehen).

BÜNDELN SIE DIE KRÄFTE   Es wird notwendig sein, dass Sie für die Person, der die Intervention gilt, eine Unterstützergruppe aus Fachleuten und Betreuern ins Leben rufen. Trommeln Sie Freunde, Familienmitglieder, geschätzte Arbeitskollegen und all jene, an denen der Vampirkandidat vielleicht schon probeweise geknabbert hat, zusammen.

SUCHEN SIE HILFE BEI PROFIS   Unverzichtbar für die Sitzung ist ein Experte für vampirische Intervention. Wenden Sie sich an jemanden, der sich auf okkulte Zwangsvorstellungen spezialisiert hat, insbesondere auf den Umgang mit dem Nosferatu. Dieser Profi wird inmitten von Chaos und Schreien wie »Du wolltest meinen Hund aufessen!« in der Lage sein, die Intervention vernünftig zu leiten und die Ruhe im Raum wiederherzustellen.

Engagieren Sie niemals, ich wiederhole, *niemals* einen Vampirjäger für die Leitung der Intervention. Jäger mögen eine Menge über das anstehende

Thema wissen, aber bei Angelegenheiten dieser Tragweite ist ihre erste Wahl immer der Pfahl, später stellen sie dann vielleicht auch Fragen. Für alle Beteiligten ist ein neutraler, nüchterner und kompetenter Vertreter der Vampirkunde, der Alternativen zu blutigen Aktionen anbietet, vorteilhafter.

BLEIBEN SIE RUHIG UND SACHLICH Gehen Sie die Sache direkt an. Betrachten Sie dies als letzte Gelegenheit, mit dieser Person reden zu können, solange sie noch sterblich ist, denn wenn es mit der Intervention nicht klappt, werden Sie keine weitere Chance bekommen. Machen Sie sich dies klar, damit Sie aus dem Herzen sprechen können.

Wählen Sie aufbauende, einfühlsame Worte. Angriffe bringen gar nichts. Benutzen Sie nicht ständig »du«, sondern teilen Sie Ihre Wünsche durch Ich-Formulierungen mit. Verzichten Sie auf Anschuldigungen und verletzende Aussagen. Feststellungen wie »Du bist ein schrecklicher Bissjunkie und den Untoten hörig« bewirken lediglich, dass die Zielperson in die Defensive geht, und es ist gar nichts erreicht, wenn die Intervention in einem Schreiduell endet. Bleiben Sie ruhig, sprechen Sie aus dem Herzen, und unterlassen Sie Angriffe oder Schuldzuweisungen. Sagen Sie beispielsweise: »Wenn du die ganze Nacht mit Vampiren abhängst, habe ich Angst. Ich fürchte mich, wenn du mich anzischst. Ich mache mir Sorgen, dass du das nächste Mal, wenn du jemanden in den Hals beißt, wegen Körperverletzung verurteilt wirst und ins Gefängnis kommst.«

ERSTELLEN SIE EINE LISTE MIT GEEIGNETEN ALTERNATIVEN Halten Sie eine Liste mit alternativen Lebensweisen bereit. Möchte die fragliche Person mit einem Vampir eine gottlose Ehe eingehen? Rufen Sie ihr behutsam in Erinnerung, dass es neben einer Wandlung noch andere Möglichkeiten gibt. Tatsächlich funktionieren einige Mensch-Vampir-Beziehungen auch langfristig. Wenn es ihr Wunsch ist, sich einer Bande wild gewordener Vampire anzuschließen, bieten Sie ihr Alternativen zum Abbau ihrer Aggressionen an.

Möchte die Person berühmt werden? Schlagen Sie ihr vor, eine Band zu gründen. Bei dieser Option kann sie auch neue Kumpel finden. (Ich entschuldige mich im voraus bei den Familienangehörigen für die »Billy-Idol-trifft-Lestat«-Gruppen, die aufgrund dieses Vorschlags zwangsläufig entstehen werden, aber zumindest sind sie ungefährlich und sterblich.)

Sucht die Person die Gefahr? Schlagen Sie einen Berufswechsel vor, durch den aufgrund des körperlichen Einsatzes der Adrenalinspiegel ansteigt und kontrolliert werden muss, etwa bei den Streitkräften, auf dem Bau oder auf einem Fischkutter in der Beringsee. Auch nicht gefährlich genug? Zeit, sich ein Hobby zuzulegen. Eine gute Wahl sind immer Extremsportarten.

Muss die Person irgendwelchen Ärger ablassen? Besorgen Sie ihr einen Trainer, vielleicht jemanden, der ihr Boxen beibringt und wie man die ganze Anspannung abbaut. Und wenn Sie überzeugt sind, dass die Wut ein wenig verraucht ist, schauen Sie, ob die Person Interesse an einem Mannschaftssport hat.

Fühlt sie sich einsam? Empfehlen Sie ihr eine anstrengende ehrenamtliche Tätigkeit. Dann ist sie von Menschen umgeben, die echte Zuneigung und Aufmerksamkeit brauchen, was hoffentlich ihr Augenmerk von ihrer eigenen Misere lenkt und sie daran erinnert, dass manche Leute größere Probleme haben als sie selbst.

Verträgt sie kein Sonnenlicht? Zeit, eine Nachtarbeit anzunehmen.

Am wichtigsten ist jedoch, dass Sie Ihre eigenen Aggressionen zügeln, aus dem Herzen sprechen und *zuhören*. Verstörte Seelen fühlen sich oft von der vampirischen Lebensweise angezogen. Finden Sie die zugrunde liegende seelische Ursache heraus, und setzen Sie dort an. Wenn alle Stricke reißen, können Sie die Person, um Zeit zu gewinnen, in die Psychiatrie einweisen lassen, denn viele Ärzte betrachten Vampire bis heute nicht als echte Gefahr.

Acht Schritte zu einer sicheren Beziehung

Auch wenn wir davor gewarnt haben und es eine Tatsache ist, dass die meisten Beziehungen zwischen Menschen und Vampiren in verdammten Tränen enden, werden sich leider dennoch viele dazu entschließen, eine romantische Beziehung mit einem Vampir einzugehen. In dem Wunsch, Erfahrungen an jene weiterzugeben, die sich gegen die Vernunft und für eine untote Liebe entscheiden, hier ein paar Tipps, die hilfreich sind, um bissfrei zu bleiben. Eine Garantie gibt es aber nicht.

1. IST ES LIEBE, BEGIERDE ODER BESESSENHEIT? Kommen Sie mit Ihren Gefühlen ins Reine, ehe Sie den Rest Ihres sterblichen Lebens für eine unsterbliche Beziehung opfern. Es ist kein Geheimnis, dass Romantische Vampire in der Kunst der Verführung Experten sind. Dies liegt in ihrer untoten Natur, aber Sie müssen herausfinden, ob Ihre Gefühle echt oder lediglich die Nachwirkungen eines Fangasmus sind. Folgende Fragen sind hilfreich:

- Träumen Sie von dem Vampir ausschließlich in Zusammenhang mit Sex?
- Denken Sie Tag und Nacht an Ihren Auserwählten, und träumen Sie oft mit offenen Augen davon, wie Sie seinen Wünschen besser entsprechen könnten?
- Fehlen Ihnen in Ihrer Erinnerung Stunden oder sogar Tage, während denen Sie mit ihm zusammen waren?

- Haben Sie jemals festgestellt, dass Sie Botengänge machen oder sich zum Blutspenden genötigt fühlen?
- Hören Sie manchmal seine Stimme im Kopf, die Sie auffordert, Dinge zu tun, die Sie normalerweise niemals tun würden?
- Führen Sie solche in Gedanken befohlenen Aufträge aus?
- Treffen Sie sich mit ihm nur in seiner Gruft (seinem Appartement oder seinem Herrenhaus)?
- Möchte er Sie nur sehen, wenn er zu viel Blut intus hat?
- Reagiert Ihr untoter Angebeteter ärgerlich, wenn die Rede auf eine gemeinsame unsterbliche Zukunft kommt?
- Werden Sie im Unklaren über die Vergangenheit Ihres Liebsten gelassen, und hält er Sie von seinen Kollegen fern?
- Haben Sie schon einmal in Gegenwart Ihres untoten Freundes (in negativer Weise) um Ihre Sicherheit gefürchtet?

Sollten Sie mehr als zwei dieser Fragen mit »Ja« beantwortet haben, stecken Sie höchstwahrscheinlich in einer ungesunden Vampirbeziehung, oder Sie sind mit einem Trottel zusammen oder, schlimmer noch, mit einem fiesen Vampir (dies gilt insbesondere dann, wenn Sie zeitliche Erinnerungslücken haben oder seine Stimme in Ihrem Kopf hören). In diesem Fall sollten Sie bei der Partnersuche unbedingt Alternativen in Erwägung ziehen (Werwölfe etwa sind ungewöhnlich loyal). Aber selbst wenn Sie alle Fragen mit »Nein« beantwortet haben, sollten Sie diese Szenarios unbedingt im Hinterkopf behalten, denn sie sind Warnhinweise darauf, dass Sie sich auf einem gefährlichen Weg befinden. Aber trösten Sie sich ein wenig mit der Tatsache, dass Sie vielleicht eines der seltenen Goldstücke unter den Vampiren gefunden haben. Wenn alles gut geht, hält Ihre Beziehung die Gelüste, Stimmungsschwankungen und Probleme draußen vor der Tür aus (vergessen Sie aber nie, dass Sie es mit einem Blutsüchtigen zu tun haben).

2. INFORMIEREN SIE SICH ÜBER DIE ESSGEWOHNHEITEN Eigentlich sollte dies selbstverständlich sein, aber hüten Sie sich vor Nichtvegetariern. Wenn es Ihnen nichts ausmacht, Ihr Leben mit jemandem zu teilen, der bedenkenlos Morde begeht, dann sollten Sie vielleicht besser gar keine Beziehung führen. Tatsächlich sollte man Sie überhaupt nicht auf die Welt loslassen. Sie riskieren Ihr eigenes Leben und das Ihrer Mitmenschen um Sie herum, wenn Sie ein derartiges Verhalten dulden. Das ist zumindest meine bescheidene Meinung.

Auch wenn viele Vampire nicht töten müssen, um zu essen, sind sie deswegen noch lange nicht ungefährlich. Betrachten Sie die Sache einmal so: Sie würden sich bestimmt auch kein Haustier halten, das ab und zu kräftig genug zubeißt, um Blut zu zapfen (ob Sie nun denken, dass es sich beherrschen kann oder auch nicht). Doch was Sie auch glauben mögen, es geht nicht allein um Sie und Ihre Sicherheit. Am besten halten Sie sich an Vampire, die es ablehnen, sich ihre Blutrationen direkt bei Menschen abzuholen. Synthetisches Blut, Blutkonserven und Tierblut sind ein guter Ersatz für Direktblut, auch wenn der Betroffene vielleicht lautstark lamentiert. (Je nach Vampirtypus und Ihrer Bereitschaft, ihn ein wenig nagen zu lassen, kann man aber beim Sex gewisse Ausnahmen machen; siehe Grenzen setzen weiter hinten in diesem Kapitel).

Selbst bei den vegetarischen Vampiren gehen Sie für Ihr eigenes Leben und das der Menschen in Ihrer Umgebung große Risiken ein. Jeder macht mal einen Fehler, und Sie wollen doch Ihre Familie, Freunde und Haustiere gewiss nicht der Gefahr aussetzen, trockengelegt zu werden.

3. RAT MAL, WER ZUM ESSEN KOMMT? Wenn Sie mit einem Vampir zusammen sind, sollten Sie nicht nur daran denken, was auf seinem Speisezettel steht, sondern auch wissen, wonach seinen Freunden der Sinn so steht. Es ist praktisch unvermeidbar, dass

AUFGEWÄRMTE BEZIEHUNGEN

Ertappen Sie Ihren Vampir dabei, dass er Sie mit einem falschen Namen anspricht? Oder hat er jemals ein zurückliegendes gemeinsames Erlebnis erwähnt, an das Sie sich nicht erinnern oder bei dem Sie gar nicht dabei sein konnten, weil Sie damals noch nicht gelebt haben? Dann ist es Zeit, sich näher damit zu beschäftigen. Es kann nämlich durchaus sein, dass Ihr Liebster gar nichts von *Ihnen* will, sondern von einem Ebenbild seiner einstigen Liebe.

Vampire haben eine unheimliche Neigung, alte Beziehungen wieder aufzuwärmen, wenn es sich bei Ihnen zufällig um den reinkarnierten Körper ihrer längst verloren geglaubten Liebe handelt. Gewöhnlich bewahren diese Wiederholungstäter daheim in irgendeinem Versteck verstaubte alte Porträts oder ein Medaillon auf. Sollten Sie das Bild einer Person finden, die wie Sie auf einem altmodischen Passfoto aussieht, versucht der Vampir, mit Ihnen eine frühere Beziehung fortzusetzen.

In dem Film *Die rabenschwarze Nacht – Fright Night* gibt es ein besonders gruseliges Ölgemälde von der Figur Amy, das diesen Punkt wunderbar illustriert. Aber trösten Sie sich mit der Tatsache, dass Sie sich in guter Gesellschaft befinden. In *Blacula* verliert Prinz Mamuwalde 1780 seine Luva, begegnet in den 1970er Jahren jedoch Tina, die er für Luvas Reinkarnation hält. Okay, sie wurde in einen Vampir verwandelt, und beide starben, aber zwischen der ganzen Stalkerei hätte man doch auch ein bisschen Spaß haben können. Ein anderes Beispiel für Beziehungen dieser Art ist Francis Ford Coppolas Adaption von Bram Stokers *Dracula*. Sie ergänzt die Vorlage um eine komplette Liebesaffäre zwischen Dracula und Mina Murray, die der Vampir für seine reinkarnierte Frau Elisabeta hält. In *Vampire Diaries* streiten sich die Salvatore-Brüder vor allem deshalb um Elena, weil sie wie ihre alte Vampirflamme (und Erzeugerin) Katherine aussieht. Der leidenschaftliche Vampir Alex in *Die Ewigkeit der Trauer* sehnt sich nach Anne, die ihn (und einen anderen unsterblichen Stalker) an seine längst verloren geglaubte Virginia erinnert. Selbst die hinreißende George-Hamilton-Darstellung des Grafen Dracula fällt dieser Manie zum Opfer, als dieser ein New Yorker Model umwirbt, in dem er seine erste Liebe zu sehen glaubt.

Wenn Sie vor diesem speziellen Problem stehen, packen Sie den Stier bei den Hörnern. Finden Sie heraus, ob Ihr Vampir nur deshalb mit Ihnen zusammen ist, weil Sie seiner längst gestorbenen Liebsten ähneln. Rechnen Sie mit dem Schlimmsten, denn in neun von zehn Fällen lautet die Antwort Ja. In diesem Fall ist es wahrscheinlich am besten, die Beziehung zu beenden, ehe er Sie verwandelt, aus Angst, seine erste Liebe noch einmal zu verlieren.

Ihr Schatz Sie mit anderen Vampiren zusammenbringt, was sich als positiv wie auch als gefährlich negativ herausstellen kann.

Ihnen werden unweigerlich sowohl gute als auch böse Vampire über den Weg laufen, ob Ihr Liebster aktives Mitglied eines untoten Clubs ist oder nicht. Ob es die Samstagabendkumpel sind, die einen warmen A-positiven Drink nehmen möchten, oder ein Feind aus der Vergangenheit, der noch eine Rechnung aus dem Bürgerkrieg offen hat, Sie werden sich mit den Ernährungsgewohnheiten und Einstellungen anderer Vampire auseinandersetzen müssen.

Nicht alle Vampire sind menschenfreundlich, und wenn Sie mit einem Vampir zusammen sind, werden Sie sowohl Menschen als auch Vampiren begegnen, die über Ihre Beziehung die Nase rümpfen. In beiden Fällen müssen Sie auf Vorurteile gefasst sein.

Legen Sie frühzeitig Regeln fest. So sollten etwa mordende Vampire niemals zu Ihnen nach Hause eingeladen werden, Pokerabend hin oder her. Versuchen Sie auch nicht, die Kumpel Ihres Liebsten allein auf Ihre Seite zu bringen. Sorgen Sie immer dafür, dass auch Ihre bessere Hälfte anwesend ist, wenn Sie mit anderen Mitgliedern der unsterblichen Welt zusammen sind. Zögern Sie nicht, Ihren Liebsten zu bitten, darüber nachzudenken, alte Beziehungen zu Bösen Vampiren zu lösen. Um Streit zu vermeiden, sollten Sie diese Bitte jedoch erwachsen und ruhig vorbringen. »Ich habe Angst, dass Soundso mich zum Frühstück verspeisen will« wäre eine recht direkte Art, das Thema anzugehen. Sollte er deswegen Theater machen, ist er vielleicht nicht der richtige Vampir für Sie.

Nehmen Sie sich vor Menschen in Acht, die etwas gegen die Liebe zu Vampiren haben. Sollten Sie sich dafür entscheiden, mit Ihrem Vampir in die Öffentlichkeit zu gehen, begeben Sie sich auf Neuland und müssen sich durchaus auf unhöfliche Fragen seitens anderer Sterblicher gefasst machen. Am besten vermeiden Sie unangenehme Situationen, indem Sie Leuten, die irritiert sind, Ihren untoten Freund vorstellen, damit sie sich selbst eine Meinung bilden können. Haben Sie Geduld, aber tolerieren Sie keine Beleidigungen oder Gewalttätigkeiten gegen Vampire. Möglicherweise werden auch Sie ein paar Mitglieder Ihres Freundeskreises opfern müssen, wenn sie die Beherrschung verlieren und in ihrem Hass auf Vampire aggressiv und ausfällig werden.

4. GRENZEN SETZEN Ehe Sie mit einem Vertreter der Vampirgattung in seine Kiste springen, müssen Sie einige Spielregeln aufstellen. Das Festlegen angemessener und von beiden Seiten respektierter Grenzen könnte Ihr sterbliches Leben retten.

Stellen Sie wie bei jedem anderen Partner sicher, dass der Vampir weiß, was in intimen Momenten gegen die Regeln verstößt. Wenn im Eifer des Gefechts das Licht schummerig wird und die Fangzähne herauskommen, müssen Sie sicher sein, dass Sie und Ihr untoter Partner wissen, wie man sich anständig benimmt. Durch das rechtzeitige Aufstellen von Regeln verhindert man unangenehme und möglicherweise tödlich endende »Unfälle«.

UMGANG MIT DER EX

Ihr Vampir wird zwangsläufig eine Ex haben. Doch anders als in den meisten Beziehungen lastet bei ihm der emotionale Ballast ehemaliger Lieben erheblich schwerer auf der Seele. Höchstwahrscheinlich ist seine Ex tot oder untot. Ist sie von uns gegangen, können Sie von Glück reden, denn in letzterem Fall wird sich die Sache schwieriger gestalten.

Ihr neuer Freund hatte eine sterbliche Familie, die schon seit langem tot ist? Verhalten Sie sich so, wie Sie bei einem Menschen mit einem sensiblen Thema umgehen würden. Sollte er seine Ex jedoch in einem Anfall von Wut oder im Blutrausch ermordet haben, werden Sie sich mit erheblich mehr unverarbeiteten Schuldgefühlen beschäftigen müssen. Vergewissern Sie sich zunächst, ob er gelernt hat, seine Wutausbrüche zu kontrollieren – Sie möchten schließlich nicht die Nächste auf der Liste der Ausrutscher sein. Dann reden Sie darüber. Lassen Sie die Leiche nicht im Keller vermodern, wie die letzte Mahlzeit Ihres Süßen. Sprechen Sie das Thema an, und leisten Sie gemeinsam Trauerarbeit. Dann können Sie weitersehen.

Sollten Sie eine Beziehung zu einem Vampir mit einer untoten Vampir-Ex haben, dann viel Glück. Hier einige Sicherheitsregeln. Brechen Sie mit der Ex nie einen Streit vom Zaun, sonst sind Sie im Handumdrehen tot. Verabreden Sie sich nie zu einem Schnupperabend mit einer Ex, auch wenn Ihr Süßer vielleicht felsenfest davon überzeugt ist, dass Sie Spaß haben werden. Vergessen Sie nicht, dass er seine Ex möglicherweise verlassen hat, um sich Unarten abzugewöhnen, wie etwa Menschen auszusaugen, also Vorsicht. Und bedenken Sie auch, wie jemand, der ewig lebt, sich wohl fühlt, wenn er von seiner ewigen Liebe wegen etwas verlassen wurde, was vorher gemeinhin als Brotzeit galt. Höchstwahrscheinlich hat die Vampir-Ex einen tödlichen »Unfall« für Sie vorgesehen.

Sollten Sie beispielsweise vorhaben, im Schlafzimmer auch ein wenig zu knabbern, müssen Sie wissen, wie hoch der Vampirgiftspiegel im Körper Ihres Liebsten ist. Manche Vampire brauchen nur die Haut zu verletzen, und schon leitet eine winzige Menge Gift die Verwandlung ein. Sollte dies bei Ihrem Vampir der Fall sein, sind Fangspiele tabu, außer Sie benutzen einen zahnspangenähnlichen Beißschutz. Betrachten Sie ihn als ein Vampirverhütungsmittel.[73]

5. VAMPIRGERECHTES VERHALTEN Wenn Sie möchten, dass die Liebe zu Ihrem Vampir Bestand hat, müssen Sie Ihr Verhalten und Handeln ein wenig darauf einstellen. Finden Sie heraus, welcher Jargon Vampire beleidigt und was einfach nur netter Popkulturslang ist (siehe Glossar am Ende des Buches). Verkloppen Sie zudem Ihren Silberschmuck und unerwünschte religiöse Symbole. Kainsmalvampire sind dieser Tage zwar eine Rarität, aber es gibt sie noch, und sie stehen nicht besonders auf religiösen Krimskrams. Was nicht heißt, dass Sie Ihre Religion nicht mehr ausüben dürfen. Sie müssen lediglich aufpassen, dass Sie nichts tun, was Ihrem Liebsten gefährlich werden könnte. Da dieser spezielle Vampirtyp auf diese alten Traditionen äußerst empfindlich reagiert, entfernen Sie am besten alle Objekte aus Ihrem Heim, die Ihrem Vampir körperliche Schmerzen zufügen. Setzen Sie sich mit Ihrem Vampir hin, und sprechen Sie offen darüber, welche Dinge, die Sie vielleicht daheim aufbewahren, für ihn beleidigend oder gefährlich sind. Entscheiden Sie gemeinsam, was bleiben und was entfernt werden sollte. Denken Sie daran, dass Sie bei sich auch nichts herumliegen lassen

---

73 Nicht zu verwechseln mit dem auf dem amerikanischen Markt angebotenen und im Internet erhältlichen Vampirkondom. Es ist in einer Art Streichholzschachtel verpackt und trägt die Aufschrift: Vampire werden *immer* hereingebeten.

würden, was einen menschlichen Gast verletzen könnte. Dies sollte auch bei einem Vampir gelten, den Sie schätzen. Informieren Sie sich, was einen Affront darstellt und was nicht, und verhalten Sie sich im Alltag entsprechend.[74]

Die TV-Serie *True Blood* (nach der gleichnamigen Buchreihe) liegt da nicht so falsch mit ihrer Hollywood-Darstellung von der enormen Spannung zwischen Vampirrechtsgruppen und Antivampiraktivisten. Sowohl die Bruderschaft der Sonne (Vampirgegner) als auch die Amerikanische Vampir-Liga (provampirisch) sind interessante Beispiele für die vielen Untergrundorganisationen draußen in der realen Welt. Okay, der übernatürliche Kampf der Vampire wird nicht vor den Augen der Welt im Fernsehen ausgetragen, aber die Debatte darüber ist immer noch so erbittert und hitzig wie eh und je.

Befassen Sie sich mit den zentralen Problemen Ihres Vampirpartners, sei es sein schwieriger Stand innerhalb der eigenen Regierung oder die Nachbarschaftswache. Er wird Ihre Bemühungen zu schätzen wissen, und die Zeit und Sorgfalt, die Sie in diesem Bereich investieren, wird es Ihnen beiden ermöglichen, eine funktionierende Beziehung zu führen, ohne dass Ihnen andere Probleme in die Quere kommen.

---

74 Selbst so alltägliche Dinge wie Tafelsalz können einem Vampir Schmerzen oder Unbehagen zufügen. In alten Überlieferungen wird Salz als Abwehrmittel gegen Vampire gepriesen. Denn wenn man Salzkörner oder Samen auf den Boden streut, muss ein Vampir angeblich stehenbleiben und sämtliche Körner oder Samen zählen, ehe er weitergehen kann. Jetzt stellen Sie sich mal vor, Sie haben den Inhalt eines Salzstreuers auf dem Küchenboden verschüttet. Es wird Ihren Vampir eine Menge Zeit kosten, die Körner zu zählen, sollten Sie nicht zu Hause sein, um ihn zu stoppen. Ein weiterer wunder Punkt bei Vampiren sind Rosen und andere Pflanzen mit Dornen. Stengel oder Zweige von diesem stacheligen Zeug gelten im Volkstum als das einzige Mittel, mit dem man einen Vertreter der Untoten in Schach halten kann.

6. ABSOLUTE EHRLICHKEIT Vergessen Sie nie, dass Sie mit jemandem zusammen sind, der immense Kräfte besitzt und in der Lage ist, mit einem Schnippen seiner bleichen Finger einfachen Sterblichen inklusive Ihnen ziemlich wehzutun. Ein verliebter Vampir ist gefährlich, wenn Sie nicht ganz genau klar stellen, was Sie denken oder vorhaben.

Stellen Sie sich nur einmal vor, welche Schuldgefühle Sie entwickeln werden, wenn Sie aufwachen und entdecken, dass der Rüpel, der Sie in der Mittelstufe immer auf dem Schulhof drangsaliert hat, nach dem Verlust beachtlicher Mengen Blut auf rätselhafte Weise vom Dach eines hohen Gebäudes gefallen ist. Und weshalb hat der Kerl ins Gras gebissen? Weil Sie sich in der vorangehenden Nacht mit Ihrem Vampirliebsten einen angezwitschert und ihm im Rausch erzählt haben, wie gemein und widerlich der Kerl damals zu Ihnen war und dass Sie es ihm am liebsten heimzahlen würden. Ein Vampir, jemand, der die labile Verfassung Sterblicher vielleicht nicht so recht einzuschätzen weiß, könnte dies leicht als Hinweis oder Aufforderung verstehen. Selbst wenn er nicht glaubt, dass Sie an Mord dachten, könnte er es als Akt der Leidenschaft begreifen: als den ultimativen Liebesbeweis.

Um mörderische Missverständnisse zu vermeiden, ist es zwingend notwendig, dass Sie Ihre Absichten absolut klar formulieren, selbst wenn Sie Witze machen. Stellen Sie sicher, dass es auch richtig ankommt, wenn Sie Sachen sagen wie »Ich wünschte, man könnte ihn an den Knöcheln vom Empire State Building herabbaumeln lassen«, damit Ihr Vampir nicht losstürzt, um dem arglosen Objekt Ihres Zorns eine kleine Überraschung zu bereiten.

7. GEBEN UND NEHMEN Wenn Sie mit einem Vampir zusammen sind, werden Sie ein paar Sonnentage opfern müssen, um eine gesunde Beziehung führen zu können. Natürlich könnten Sie auch versuchen, Ihren Vampir tagsüber wach und (falls er zufällig kein sonnentauglicher Typ ist) von der unerbittlich sengenden Sonne fernzuhalten. Aber eine nachtaktive Spezies zu einem Leben bei Tage zu zwingen ist grausam und unüblich. Tatsächlich könnte es sogar *Sie* in Gefahr bringen, da eine fortgesetzte Einwirkung von Tageslicht unmittelbare Konsequenzen auf Stimmung und Verhalten eines Vampirs haben kann. Je länger ein Vampir wach bleiben muss, desto hungriger wird er. Und Sie möchten doch keinen Vampir, der nach Ihnen schnappt.

Um beide Seiten bei Laune zu halten, sind Opfer unvermeidlich. Machen Sie Nächte zum Tag, und sorgen Sie dafür, dass Sie in einigen Nächten gemeinsam ausgehen. Nur weil es dunkel ist, bedeutet dies nicht, dass Sie die Nacht nicht genießen können. Versuchen Sie nächtliche Events ausfindig zu machen, um Ihren untoten Liebsten zu überraschen. Dies zeigt ihm auch, dass Sie nicht vollkommen von ihm abhängig sind, um den abendlichen Teil der Beziehung zu gestalten.

Zudem ist es wichtig, für Erfahrungen offen zu sein, die einem Menschen normalerweise seltsam oder fremd erscheinen würden. Vermutlich hatten Sie vorher auch noch nie einen Fangasmus, aber hat sich das Risiko, etwas Neues auszuprobieren, etwa nicht gelohnt? Sofern neue Erfahrungen mit Ihrem Vampir keine Gefahr für Sie darstellen, sollten Sie ihnen aufgeschlossen gegenüberstehen.

Und auch noch etwas dazu, dass natürlich der Freiraum des anderen respektiert werden muss. Ehe Sie sich richtig kennengelernt haben, werden Sie eine Menge unangenehmer Situationen bewältigen müssen. Bis dahin sollten Sie aber sicherstellen, dass Ihr Vampir den notwendigen Freiraum für ungestörte Mahlzeiten hat, sobald seine Augen schwarz werden, seine Stirn sich in Falten legt, Adern aus seinen Wangen heraustreten oder Sie irgendeine andere vampirische Reaktion auf einen Adrenalinstoß feststellen.

HIGHSCHOOL-VAMPIRE

Man kann unmöglich über die Vampire der Popkultur reden, ohne über den plötzlichen Ansturm von Vampiren auf höhere Schulen zu sprechen. Nachdem sich der Mythos um Vampire und Sonnenlicht für viele Blutlinien als falsch erwiesen hat, können einige Vampire heute ein »normaleres« Dasein führen.

Dennoch sollte man den Motiven dieser uralten, betagten Wesen, die jetzt die Grundlagen der Algebra wiederholen möchten, misstrauen. Die meisten Vampire, die auf Oberschulen auftauchen, sind hunderte Jahre alt. Was zieht sie also wirklich dorthin?

Und wie lässt sich das allgemein gruselige tatsächliche Alter der Vampire mit den Sechzehnjährigen in ihrer Klasse vereinbaren, in die sie sich verlieben? (Edward, Stefan, wir meinen euch, Jungs.) Zumindest in der TV-Serie *Highschool der Vampire* gehen die Vampire, von den Sterblichen getrennt, auf ihr eigenes unterirdisches Privatinternat. Dennoch strömen viele Vampire der Popliteratur auf die Highschools, von *Vamped* über *Blue Bloods* bis hin zu *High School Bites*.

Institutionen wie das House of Night in *Gezeichnet*, wo gezeichnete junge Vampire lernen, mit ihren neuen Kräften umzugehen oder zu sterben, wirken da etwas realistischer. Und dennoch scheinen diese hundert Jahre alten Vampire das öffentliche Schulsystem nicht satt zu bekommen.

Aber es gibt Vampire, die im Schulalter tatsächlich auf die Highschool geschickt werden. Die Lamiavampire aus L. J. Smiths *Night-World*-Romanen können wie Menschen altern. Vampire dieser speziellen Blutlinie werden in den Vampirismus hineingeboren. Sie wachsen und altern, können diesen Prozess jedoch anhalten, wann immer es ihnen zweckmäßig erscheint, was für sie eine schöne Sache ist. Hat ein Vampir den Alterungsprozess aber angehalten und beschließt später, ihn wieder in Gang zu setzen, altert er sehr rasch und erreicht schnell sein physisches Alter. Sehr ähnlich verhält es sich bei den halbmenschlichen Vampiren in *Liebe mit Biss*, die altern (wenn sie gebissen, aber nicht getötet werden), verglichen mit dem Rest der Welt aber unglaublich langsam.

8. NIEMALS UNACHTSAM WERDEN   Selbst wenn Sie und Ihr Vampir sich mit einem Kleine-Finger-Schwur über einem Sarg versprochen haben, dass Sie sich alle unsterblichen Tage Ihres Lebens lieben und ehren werden, kommen Sie nicht an der Tatsache vorbei, dass Sie mit jemandem in den Hafen der Ehe eingelaufen sind, der sich von Menschen ernährt. Machen Sie keinen Fehler: Möglicherweise läuft die Sache ja doch aus dem Ruder, und dann könnten Sie unter dem funktionalen Ende eines Fangzahns landen.

Vielleicht empfinden Sie dies als einen Schwachpunkt in Ihrer Beziehung, dennoch sollten Sie jederzeit darauf vorbereitet sein, sich selbst gegen die Vampirfreunde verteidigen zu können, die Sie am meisten lieben. Auf diese Weise gewährleisten Sie für sich und Ihre Umgebung größtmögliche Sicherheit. Vorsichtsmaßnahmen sind eine wichtige Voraussetzung für dauerhaftes Glück, ob Ihnen das gefällt oder nicht. Wenn Sie informiert und auf einen möglichen vampirischen Ausrutscher vorbereitet sind, wissen Sie, was zu tun ist, falls Ihr Liebster mit ausgefahrenen Beißerchen auf Ihre kleine Schwester losstürzt. Stellen Sie sich vor, Sie wären nicht vorbereitet: In diesem Fall könnten Sie eine Schwester *und* einen Liebsten verlieren.

Deponieren Sie einen kleinen Vampirnotfallkasten auf Ihrem Nachttisch oder anderswo in greifbarer Nähe. Okay, vermutlich werden Sie eins aufs Dach kriegen, wenn er ihn entdeckt, aber sagen Sie einfach, der Kasten sei ein Geschenk Ihres dämlichen Onkels und Sie hätten noch keine Gelegenheit gehabt, ihn wegzuwerfen. Der Inhalt kann eigentlich aus allem bestehen, was gegen eine rasende Hungerattacke hilft. Weihwasser, ein Kreuz, Knoblauch, Eisenhut oder etwas Salz – eine Auswahl an Mitteln erhöht die Chance, dass wenigstens eines bei Ihrem Vampir funktioniert.[75]

Vampirselbstverteidigung 101

Sollte der schlimmste Fall eintreten, ist es wichtig zu wissen, wie Sie sich gehen die Fangzähne verteidigen können. Spezielle Abwehrtaktiken gegen verschiedene Vampirarten haben wir bereits behandelt. Hier folgt jedoch eine Liste allgemeiner Verteidigungsmethoden, die man unbedingt kennen sollte. Obwohl wir dies bereits sagten, glauben wir, dass wir es besser noch einmal wiederholen sollten: Diese Methoden dienen nur der Verteidigung. Überlassen Sie Angriff und offensive Maßnahmen den Profis.

IHRE AM STÄRKSTEN GEFÄHRDETEN BEREICHE Machen Sie sich mit allen Stellen Ihres Körpers vertraut, die besonders verwundbar sind. Es überrascht wohl nicht, dass dies alle großen Arterien und Venen sind. Achten Sie auf diese Bereiche, und tun Sie Ihr Bestes, um sie vor neugierigen Reißzähnen zu schützen.

75 Sie müssen den Vampirkoffer nicht einmal selbst zusammenstellen. Auf dem Markt wimmelt es geradezu von Nosferatu-Notfallkoffern in Reiseformat. Die Idee ist auch nicht neu. Tatsächlich wurde im Oktober 2008 bei einer Haushaltsauflösung in Natchez, Mississippi, ein Vampirkasten aus dem 19. Jahrhundert für 14850 Dollar verkauft. Er enthielt Kerzen, ein Kreuz, eine Bibel, eine Waffe mit Silberkugeln, Pflöcke, Spiegel und Knoblauch und ist nur einer von zahlreichen Vampirkästen, die heute in der Welt im Umlauf sind. (Viele sind mittlerweile aber in Museen gelandet, einer von ihnen im Mercer Museum in Doylestown, Pennsylvania.)

DIE HALSSCHLAGADER Diese Ader verläuft seitlich an Ihrem Hals. Sollte diese pochende Arterie angebohrt werden, haben Sie ein echtes Problem. Die Halsschlagader ist direkt mit dem Herzen verbunden und gewährleistet eine ausreichende Blutversorgung des Gehirns. Sie ist Ihre zentrale Blutautobahn, und die meisten Menschen können sich nicht mehr aufrecht halten, geschweige denn einen Angriff abwehren, wenn ihre Halsschlagader angezapft wird. Sorgen Sie also für ihren Schutz.

DIE ELLENARTERIE Die Ellenarterie ist für freundlich wie auch feindlich gesinnte Vampire eine gern angesteuerte Zapfstelle. Wann immer Sie einen Vampir sehen, der sich selbst beißt, um sein Blut zu teilen, wählt er diese Arterie am Handgelenk. Hier erfolgt der Angriff oft unter dem Deckmäntelchen der Freundschaft. Vorsicht also, wenn Sie einem Nosferatu die Hand hinstrecken. Sie sind nur wenige Fingerbreit von einer Problemarterie entfernt.

ELLENBEUGENVENE Die Ellenbeugenvene ist die große blaue Linie, die auf der Innenseite Ihres Arms verläuft. Auch wenn sie als Angriffspunkt weniger gefährdet ist als die Halsschlagader, haben Sie dennoch ein Problem, wenn ein Vampir seine Fangzähne hineinschlägt.

GROSSE ROSENVENE Der vielleicht anstößigste Schwachpunkt, da er sich auf der Innenseite des Oberschenkels befindet, von vielen Vampiren jedoch erklärtermaßen bevorzugt, denn er ist im höchsten Bereich des Innenschenkels perfekt positioniert und eine wirklich großartige Stelle zum Anzapfen des menschlichen Blutkreislaufs. Aber um einem Vampir zu erlauben, dort hinzugelangen … na ja, das müssen wir Ihnen wohl nicht sagen. Auf diese spezielle Ader sollte während romantischer Stunden geachtet werden, bei einem One-Night-Stand ebenso wie in einer langfristigeren Beziehung.

VERTEIDIGUNGSMASSNAHMEN   Obwohl es super wäre, wenn wir Ihnen sagen könnten, dass jeder einen großen Koffer mit Armbrüsten, Beilen und Pflöcken im Stil von Buffy Summers in seinem Wohnzimmer haben sollte, ist die Realität, dass wir den eigenmächtigen Einsatz von Waffen nicht billigen können. Noch einmal knapp davongekommen gibt es nicht, wenn versehentlich ein Mensch mit einem Holzpflock gepfählt wird. Unser Rat: Überlassen Sie schwere Waffen geschulten Jägern und Dhampiren. Aber Sie sollten einige einfache Maßnahmen kennen, um aus einer Begegnung mit einem Vampir unbeschadet herauszukommen.

ERST MAL UM HILFE RUFEN   Sollten Sie von einem Vampir angegriffen werden, haben Sie bessere Fluchtchancen, wenn Sie um Hilfe rufen. Rufen, nicht kreischen. Denken Sie an die vielen Male, die Sie schrille Schreie hörten und glaubten, da würde irgendwo jemand herumalbern. Möglicherweise wurde diese Person aber gerade von einem Vampir ausgetrunken, und Sie hatten nicht die leiseste Ahnung. Rufen Sie laut und deutlich »Hilfe!« oder »Feuer!« – irgendetwas, was die Aufmerksamkeit rasch auf Sie lenkt, denn Vampire hassen Menschenaufläufe und heikle Situationen. Wahrscheinlich lässt der Kerl von Ihnen ab und versucht sich einen ruhigeren Snack abzugreifen. Und schreien Sie bloß nicht »Vampir!«, denn dann ernten Sie vermutlich Gelächter anstatt Hilfe. Der Rest der Welt tappt im Dunkeln.

TREFFER LANDEN   Obwohl wir dringend empfehlen, zunächst um Hilfe zu rufen, empfehlen wir auch, sollten Sie in die Offensive gehen müssen, den Vampir dort zu treffen, wo es richtig wehtut. Vampirgenitalien reagieren in fast allen Fällen (abzüglich einiger Biester von Guillermo del Toro) sowohl auf angenehme als auch unangenehme Berührung. Schlagen Sie genau dort zu, wo es zählt, und dann nichts wie weg. Warten Sie nicht, um zu sehen, was passiert. Die nächstbesten Stellen für eine Attacke sind Augen, Nase und

Kehle, da aber der Körper eines Vampirs nicht mehr so funktioniert wie der eines Menschen, ist die Chance für eine echte Verletzung gering.

AB DURCH DIE MITTE Laufen Sie zu einem belebten, gut beleuchteten Ort. Also nicht in eine gruselige Allee, sondern an beliebte Treffpunkte wie ein Starbucks, das randvoll mit Menschen ist. Denken Sie daran, dass sich ein Tumult zu Ihren Gunsten ausnutzen lässt, um einen untoten Angreifer zu verscheuchen.

Was tun bei einem Vampiraufstand

Obwohl ein Zusammenschluss aller Vampirarten unwahrscheinlich ist (Vampire sind bekanntlich Einzelgänger, sofern sie nicht einem Clan oder einer Gang angehören, siehe Kapitel 7), ist es seit alter Zeit hin und wieder einmal zu einem Vampiraufstand gekommen. Selbst heute findet man in Zeitungen mitunter Meldungen über kleine Vampirgefechte, nachdem aggressive Untote versuchten, ein Gemeindezentrum oder sogar eine Stadt an sich zu reißen.[76] Solange es Böse Vampire gibt, wird es auch Pläne zum Sturz der Menschheit geben. Aber Bestrebungen Böser Vampire, die Weltherrschaft zu übernehmen, werden üblicherweise von professionellen Jägern und in den meisten Fällen sogar von anderen Vampiren zunichtegemacht.

---

76 Sollten Sie eine Lokalzeitung abonniert haben, werden Sie vermutlich ab und zu einen verdächtigen Artikel darüber lesen, dass eine Gruppe von »Rowdys« versucht hat, einen Ort zu besetzen, dann aber seltsamerweise durch den Sonnenaufgang davon abgehalten wurde, größeren Ärger zu verursachen. Und gelegentlich werden Sie etwas wirklich Besonderes finden wie den Bericht des *Boston Globe* über Vampirunruhen an der Boston Latin Public School am 26. März 2009.

Gewöhnlich wissen Vampire, dass die Welt die Menschheit braucht und es darum geht, ein Gleichgewicht zu bewahren. Bisher fehlt Vampiren zudem die Technologie, die menschliche Rasse vollkommen auszuradieren, und solange sie unser Blut benötigen, sind wir glücklicherweise mehr oder weniger sicher. Und überhaupt: Was können die Gefangenen der Nacht eigentlich tagsüber ausrichten? Es muss jemand da sein, der sich bei Licht um diesen Planeten kümmert.

Falls aber doch ein Vampiraufstand stattfindet, dann sind Sie hoffentlich nett zu dem Nosferatu gewesen, der das natürliche Gleichgewicht respektiert. Denn Sie werden ihn brauchen, damit er Sie vor der Hölle auf Erden beschützt.

Stellen Sie sich einen totalen Vampiraufstand ähnlich wie eine Atomkrise vor. Da es keinen sicheren Ort geben wird, verstecken Sie sich am besten in einem von innen verschließbaren Bunker und warten, bis alles vorbei ist. Ehrlich, Sie sind einer Vampirarmee nicht gewachsen, und sollten Sie dabei sein, wenn die guten Vampire verlieren, dann können Sie von Glück reden, wenn Sie lediglich als Mahlzeit dienen.

Am besten horten Sie möglichst viele Vorräte, suchen einen Luftschutzraum auf und verbarrikadieren sich. Und fühlen Sie um Himmels willen jedem der Anwesenden den Puls, bevor Sie die Tür schließen.

Glossar

Ältester Altes und einflussreiches Mitglied einer Vampirblutlinie. Gewöhnlich bekleidet es ein wichtiges Amt in der Regierung dieser Blutlinie, die bei Diskussionen und Streitigkeiten unter den Vampiren das letzte Wort hat.

Big Bad In Joss Whedons *Buffy – Im Bann der Dämonen* häufig verwendeter Begriff für ein böses Wesen, namentlich ein höhergestelltes Wesen, das eine große Bedrohung für die Menschheit darstellt. So gilt etwa der Meister als Big Bad, jedoch keiner seiner zahlreichen Handlanger.

Cocktail Verschiedene Tabletten, Injektionsmittel oder Impfstoffe, mit deren Hilfe ein Halfie das Vampirvirus unter Kontrolle hält, die aber keine Heilung bewirken.

Daydriver Mensch oder übernatürliches Wesen, das Tageslicht verträgt und seinen Vampirmeister chauffiert. Muss über ein eigenes Auto verfügen.

Dhampir Halb Mensch/halb Vampir. Wurde nicht gebissen, sondern als Halbwesen geboren. Dhampire existieren schon seit langem und sollen nach der Überlieferung zu den ersten Vampirjägern gehört haben. Ein Trend, der sich in der heutigen Vampirkultur fortsetzt. Unzutreffend und beleidigend ist hingegen die Bezeichnung Halbblut.

Erzeuger Bezeichnung für einen Vampir, der einen anderen Vampir geschaffen hat. Manche Blutlinien besitzen begrenzte Macht über jene, die sie erzeugt haben. Die »Kinder« haben einen natürlichen Respekt vor ihrem Erzeuger, aber es ist ihre Entscheidung, ob sie seine Lebensweise übernehmen. Mitunter nennen sie ihren Erzeuger auch Meister, Vater, Mutter oder Schöpfer.

Fangasmus Erleben ultimativer sexueller Erregung beim Geschlechtsverkehr mit einem Vampir oder bei einem Vampirbiss.

Fangbanger Person, die wahllos Sex mit Vampiren hat. Keine nette Bezeichnung.

Fangophile Bezeichnung für eine Person, die sich für die Vampirkultur, Vampirüberlieferungen und Vampire an sich begeistert.

Gift Substanz im Speichel, in den Zähnen oder im Blut eines Vampirs, die Menschen in Vampire verwandelt, sobald sie in ihren Blutkreislauf gelangt.

Klappzähne Einige Vampirarten tragen ihre Fangzähne nicht ständig zur Schau, sondern klappen oder fahren sie nur aus, wenn sie sexuell erregt, wütend oder hungrig sind.

Spender Wandelnde Blutbank. Mensch, der Vampiren freiwillig sein Blut spendet und zur Verfügung steht, falls diese seine Adern benötigen sollten. Möglicherweise hat er auch ganz besonderes Blut, dessen Verkostung eher Genuss und Vergnügen ist, etwa wie eine Weinprobe, und weniger der Ernährung dient. Zu den köstlichsten Blutsorten soll gerüchteweise das Blut von Jungfrauen gehören, und einige Vampire glauben, dass es ein Jungbrunnen ist. In gewissen Vampirkreisen hat der Begriff jedoch auch eine negative Bedeutung und wird ironisch für jene verwendet, die ihr Blut gezwungenermaßen zur Verfügung stellen.

S. V. F. Sexy Vampire Forehead oder sexy Vampirstirn. Von Joss Whedons Harmony Kendall – in einen Vampir verwandelte Schülerin der Sunnydale High School, Sekretärin und Reality-TV-Star in Joss Whedons Comicserie *Buffy the Vampire Slayer* – erfundene spöttisch gemeinte Wortschöpfung. In Staffel 8, Ausgabe 21 »Harmonic Divergence«, benutzt sie diesen Ausdruck für die zerknitterte Stirn von Whedons Vampiren, die diese seit Jahren zur Schau tragen, wann immer sie Verlangen nach Blut haben. Zugegeben, die »Herausgeber« der Comicserie vermuteten lediglich, was sie mit dem Begriff zum Ausdruck bringen wollte.

Vegetarier Vampir, der sich nicht vom Blut lebender Menschen ernährt. Es wird eine recht umfangreiche Diskussion darüber geführt, ob auch Vampire, die gespendetes Blut trinken, als Vegetarier betrachtet werden sollten. Heute verschwimmen die Grenzen, normalerweise gilt ein Vampir jedoch nur dann als Vegetarier, wenn er überhaupt kein menschliches Blut trinkt und sich ausschließlich von Tieren ernährt.

Virus Jeder Bestandteil im Blut einer Vampirlinie, der Menschen in Unsterbliche verwandelt. Dabei kann es sich um mutierte T-Zellen, rote Blutkörperchen oder tatsächlich um ein Virus handeln – der Begriff wird sehr allgemein verwendet.

Wandlung Tatsächliche Transformation eines Menschen in einen Vampir. Ein vollständig transformierter Vampir wird auch als *Gewandelter* bezeichnet.

Literaturnachweis

Ashley, Leonard R. N.: *The Complete Book of Vampires*. New York, Barricade Books 1998

Barber, Paul: Vampires, *Burial and Death. Folkore and Reality*. New York, University Press 1988

Karg, Barb, Arjean Spaite und Rick Sutherland: *The Everything Vampire Book*. Avon, Massachusetts, Adams Media 2009

Melton, J. Gordon: *The Vampire Book. The Encyclopedia of the Undead*. Canton, Michigan, Visible Ink Press 1999

Ramsland, Katherine: *The Science of Vampires*. New York, Berkley Boulevard 2002

Stevenson, Jay: *The Complete Idiot's Guide to Vampires*. New York, Alpha Books 2009

Danksagung

Dieses Buch ist meiner Familie und den Freunden gewidmet, die meinem merkwürdigen okkulten Spleen in meiner Kindheit nachgaben. Danke, dass ihr stets bereit gewesen seid, die neuesten Plastikfangzähne zu kaufen. Dank an meine Lektorinnen Meg Leder und Jeanette Shaw dafür, dass sie an mich geglaubt und mich unterstützt haben. An die Vampire der Popkultur, die die Welt verändert haben: Bela Lugosi, Barnabas Collins, Spike und selbst diesen glitzernden Knaben Edward. Und last but not least an all die Menschen, die an einer dunklen Ecke stehenbleiben, an einem Friedhof für eine Sekunde innehalten und mit offenen Augen davon träumen, dass sich an ihrer Schule ein Vampir anmeldet: Hoffentlich verläuft Ihre Begegnung mit dem Vampir ohne Probleme.

Register

Über die Autorin

Meredith Woerner entwickelte bereits in frühen Jahren einen Fangzahnfimmel. Während andere Kinder sich an Halloween ein Prinzessinnen-Outfit zulegten, entschied sie sich für ein Fledermauscape, spitze Ohren und dunkle Augenringe. Fortan sah sie sich an dunklen Orten nach einem Vampirfreund um und bekniete ihre menschlichen Freunde, eine Band aus Misfit Cowboys im Stil von Near Dark zu gründen. Dann begegnete sie Buffy. Die Verbindung der Popkultur mit den Untoten veränderte dank der interessanten Drehbücher und der Regiearbeit des großen Joss Whedon ihre Sichtweise auf Vampire für immer. Von da an wusste sie, dass es an der Zeit war, ein Mitglied des fängetragenden Clubs zu treffen. Meredith setzte ihre Suche nach Vampiren fort, indem sie als Redaktionsassistentin Nachtschichten bei der *New York Post* schob, wo sie erfuhr, was tatsächlich mit »die Stadt, die niemals schläft« gemeint ist. Während ihrer Zeit am Nabel der Sensationen bei der *US Weekly* bereiste sie das Land und traf die Trendsetter von heute, während sie heimlich versuchte, ein Comeback von *The Lost Boys* vorzubereiten. Heute schreibt sie täglich über all die Dinge, die nachts durch Gawker's Sci-fi Blog io9 spuken, und katalogisiert weiterhin alle Informationen über Vampire. Sie war auch vor Ort, als die wogenden Massen auf der ersten San Diego Comic Con beim Auftritt der *Twilight*-Stars hysterisch kreischten, und da wusste sie, dass die nächste Fangzahnwelle angekommen war.